公路设计与绿色公路管理

王敬富　康　伟　于宏明　主编

延边大学出版社

图书在版编目（CIP）数据

公路设计与绿色公路管理 / 王敬富，康伟，于宏明
主编. -- 延吉：延边大学出版社，2020.12
　　ISBN 978-7-230-00688-0

　　Ⅰ. ①公… Ⅱ. ①王… ②康… ③于… Ⅲ. ①道路工
程－道路建设－研究 Ⅳ. ①U41

中国版本图书馆 CIP 数据核字(2020)第 255240 号

公路设计与绿色公路管理

主　　编：王敬富　康　伟　于宏明
责任编辑：金周成
封面设计：延大兴业
出版发行：延边大学出版社
社　　址：吉林省延吉市公园路 977 号　　　邮　　编：133002
网　　址：http://www.ydcbs.com　　　　　E-mail：ydcbs@ydcbs.com
电　　话：0433-2732435　　　　　　　　传　　真：0433-2732434
制　　作：山东延大兴业文化传媒有限责任公司
印　　刷：延边延大兴业数码印务有限责任公司
开　　本：787×1092　1/16
印　　张：11.5
字　　数：200 千字
版　　次：2022 年 3 月 第 1 版
印　　次：2022 年 3 月 第 1 次印刷
书　　号：ISBN 978-7-230-00688-0

定价：46.00 元

作者简介

王敬富，男，汉族，山东东营人，2000年毕业于山东建筑工程学院，先后从事公路施工、监理、工程管理、设计工作，组织或参与了诸多公路项目的建设。

康伟，男，汉族，毕业于山东大学土木工程专业，学士学位。2016年荣获"烟台市五一劳动奖章"。公路、市政专业一级建造师，公路专业试验工程师。先后从事过公路工程施工及养护工作，在路基、路面、桥涵施工方面有着丰富的一线施工及养护管理经验。

于宏明，男，汉族，山东潍坊人，2003年毕业于重庆交通学院，本科学历。自毕业至今，一直就职于甲级设计院，从事路桥设计及项目管理工作，参加和主持过多条高速公路、一级公路、市政主干道及枢纽型立体交叉的勘察设计工作。

前　　言

　　社会经济的发展推动着公路工程事业的进步，近年来人们对交通运输事业的建设提出了更高的要求，如果公路工程依然沿用传统的建设模式，那么它将难以适应时代发展的形势与需求。

　　目前，公路工程设计环节的各个方面都存在着不同程度的问题，这就要求设计人员围绕这些问题展开深入的研究与分析，并采取有效的应对措施，从而提高公路工程设计的水平与质量，为推动公路工程事业的发展提供强有力的支持。

　　在公路工程建设过程中，很多企业与相关人员对公路工程的质量并不重视，一味地将经济效益作为首要目标，导致公路工程在质量方面存在着不同程度的问题。这不仅对公路建设的进度造成了不利的影响，还在竣工验收环节给工作人员带来了各种困扰。近年来，人们对公路工程质量提出的要求越来越严格，很多施工企业也开始在施工阶段严格把控质量，但是对设计阶段的质量控制依然有所欠缺，导致公路工程质量问题难以从源头上得到解决，这需要公路工程设计人员予以高度重视。

　　建设公路时各种能源、资源是必不可少的，而绿色公路的核心理念告诉人们，建设绿色公路的基础就是节约能源与资源。在建设绿色公路过程中要考虑多方面的问题，不但要融入绿色公路的核心理念，减少能源、资源消耗，而且不能违背"建设中主以规划、辅以治理"的指导原则。

　　本书共九章，第一章是"公路设计的理论研究"，第二章是"公路设计的创新研究"，第三章是"公路设计的实践应用研究"，第四章是"公路工程施工研究"，第五章是"公路工程管理研究"，第六章是"公路工程施工管理研究"，第七章是"绿色公路概述"，第八章是"绿色公路示范工程"，第九章是"公路绿色服务区"。

　　由于时间比较仓促，编者水平有限，书中难免有纰漏，敬请读者谅解。

目　　录

第一章 公路设计的理论研究

第一节 公路设计问题研究

随着我国社会经济的不断发展，人们对交通运输的需求也越来越迫切。公路工程作为交通运输建设中比较关键的组成部分，需要得到较好的建设和发展。在公路工程的建设和发展过程中，设计环节是必不可少的。合理的公路设计能够为公路工程项目的施工指明方向，也能够切实提升公路工程项目的应用价值，因此基于公路设计而进行的探究有重要的价值和意义。

一、公路设计的重要性分析

随着人们对公路交通设施要求的不断提高，相应的公路工程建设要求也在不断提高，设计人员必须从各个环节入手，对公路工程建设进行全方位的控制和审查。公路工程项目中的设计环节是一个核心环节，主要是对整个项目的规划以及具体的施工建设要求进行分析，对公路工程项目的线路以及工程的各部分进行合理的设计，为后续工作打好基础。由公路工程项目设计工作的基本内容可以看出，这种设计工作是整个工程项目建设的关键环节，不仅直接关系到公路工程项目建设的有序性和可靠性，而且会在较大程度上影响公路工程项目的后续应用效果。公路工程项目的设计工作和公路工程的应用价值之间存在着极为密切的联系，设计人员对此要高度关注，从而不断提升自身的设计水平。

二、当前公路设计的常见问题分析

1.公路设计参数存在问题

对于公路设计工作来说，相关参数的确定是一个核心工作，直接决定公路工程项目的具体效果，同时还关系到公路工程项目的使用寿命。这就要求公路工程项目的设计人员在设计工作中提升相应的参数设计水平，确保参数的可靠性。就现阶段的公路设计工作来说，公路设计的参数问题还是比较明显的，设计人员对公路工程项目的使用寿命把握不到位，相应的计算出现了明显的问题，这最终造成了各种计算偏差问题的产生和参数不准确现象的出现。此外，公路工程项目的设计人员如果过分考虑眼前的利益，而不充分考虑公路工程项目的实际应用价值，就会影响参数的准确性和合理性，甚至会导致公路工程项目出现较为明显的安全隐患。这些问题需要引起设计人员的高度重视。

2.车道宽度设计存在问题

车道宽度也是直接影响公路工程项目后续应用的安全性和舒适度的一个重要条件，因此保证车道宽度的合理性是十分必要的，但是很多公路的设计及施工在该方面存在着各种问题。国家相关标准和规范都对公路工程项目的车道宽度作出了较为明确的规定，但是在具体的设计以及施工过程中，很多公路工程项目为了节约施工成本而缩小车道宽度。随着土地资源短缺问题的凸显，车道宽度缩小的问题越来越明显，很多公路工程项目在后续的应用中出现了各种问题，甚至出现了一些安全隐患。

3.公路路线设计存在问题

在公路工程项目的设计过程中，对路线进行合理的设计是极为重要的。在对公路路线进行设计时，设计人员需要注意的内容比较多，所以其设计容易出现各种问题。综合来看，当前在公路路线设计中比较常见的问题主要有以下几项：①坡长的设计存在一些问题。我国很多地区的地形较为复杂，公路受地形条件的制约较为明显。我国在最大坡长方面有着明确的规定，但在公路设计中依然会出现坡长设计不合理的问题。②横断面的设计存在一些问题。这类问题也与地形条件有较大关系，尤其是在一些山区，其横断面的宽度容易受到较大限制。③纵断面的设计存在较为明显的问题。这类问题会影响公路工程项目后期的排水效果和稳定性。④公路工程路线的具体设计中各项指标存在不符合标准的现象。这会影响公路工程项目的应用效果，甚至会引起较大的安全隐患，需要引起足够的重视。

4.路基路面设计存在问题

在公路工程项目的设计中，路基路面设计也是一个比较重要的方面，路基路面设计工作对后续工程的质量和效果有着重要影响。路基路面设计中存在的问题主要表现在以下两个方面：①相应的路堤边坡设计存在明显的问题。路堤边坡的设计直接关系到最终公路工程项目应用的安全性，因为路堤边坡对塌方等灾害有一定的预防作用。路基路面受地形条件影响较大，设计结果的可靠性容易受到影响，所以若是这一方面设计得不合理，那么后果是极为严重的。②路基路面填挖交界处的设计存在一定的缺陷。设计人员对相关材料的选择以及处理不得当，最终会影响工程的效果，甚至导致各种裂缝的产生，给公路工程项目的应用安全造成不良影响。

三、公路设计的优化措施

1.全面把握设计标准和规范

设计人员要提升自身的公路设计水平，全面把握设计标准和规范。设计人员需要熟悉各项设计标准和规范的内容，并且要在具体的设计过程中较好地运用这些内容，及时发现设计中存在的各种问题，确保设计结果的合理性和规范性。

2.密切关注外界环境因素

在公路设计过程中，很多问题的出现与外界环境因素有着密切的关系，其中地形条件对公路设计的影响极为突出。因此，在进行公路设计之前，设计人员要对相关情况进行全面的勘查和了解，分析其中存在的各类影响因素和问题，尽量规避相应的问题，确保设计的合理性和可靠性。

3.加强对设计图纸的审查

为了最大限度地提升公路设计水平，相关负责人需要结合现场环境以及相应的标准要求对设计图纸进行全面、严格的审查，确保设计的合理性和可靠性，避免在设计中遗留各种问题。加强对设计图纸的审查，除了要求设计人员对图纸进行自查，还要求后续施工人员以及专业的监理人员对图纸进行详细的分析，以最大限度地保证设计的可靠性，并使各种问题得到及时处理，以免给后续的施工建设或公路应用安全带来不好的影响。

综上所述，对于公路工程项目来说，公路设计工作的重要性是极为突出的。因此，设计人员要重视设计工作，全面分析当前公路设计中容易出现的各种问题，并对这些问题进行处理，不断提升自身的综合素质和能力，确保设计的规范性和可行性。

第二节 山区公路设计问题及策略

我国幅员辽阔，地形多种多样，地势起伏很大。公路是沟通内外的纽带，只有不断完善我国的交通设施，才能更好地促进我国经济的发展。在山区建设公路，难度大，成本高，施工进程缓慢。本节将对山区公路设计中存在的问题进行分析，提出山区公路设计的一些策略，为我国的山区公路设计人员和施工人员提供更多的参考，同时也为我国山区公路的发展注入新的动力。

一、山区公路设计中存在的问题

1.忽视现场勘查

公路设计中的现场勘查是十分必要的，有效的勘查可以为后续的建设提供极有力的帮助。但是就目前的情况而言，许多设计人员没有对现场进行充分的勘查，大多是"走马观花"，仅对公路的长度进行测量，而对当地的地形、水文、气候没有过多关注，有的甚至没有实地测量，只是根据地图及其他相关资料设计"理想路线"，对设计方案也不进行分析与斟酌，从而导致公路的设计与实际施工情况偏差很大，给后续工作带来了许多麻烦。

2.公路设计与地形不协调

我国的山区面积大，地形崎岖，地势起伏大，有的地方还有山谷或者河流等，这些地形对于公路的施工是非常不利的。许多设计人员不顾实际情况，片面采用高指标、高质量的设计，这导致在公路的施工中出现资金浪费、成本过高的情况，增加财政负担，影响我国经济的长期稳定发展。

3.地质灾害导致公路设计难度大

我国山区面积比较广且地质灾害多。在公路的设计中，许多设计人员不顾当地的地质情况，片面追求"路径最直"或者"成本最低"，这导致很多公路在建设完工后，因为地质灾害的影响而不得不被废弃、改道或被强制禁止使用，严重影响了我国山区公路事业的发展。

4.技术标准运用死板

我国当前的公路设计大多是套用标准图纸的。众所周知，标准和规范是在长期实践的过程中总结出来的，那些标准化、规范化的要求和数据是有一定弹性区间的，一般是可以根据施工的难度和地势的起伏而对其中某些部分进行调整的。但是，我国的许多设计人员在公路设计中是按照标准图纸进行设计的，或者是套用之前的设计图纸，这导致公路设计中出现许多不符合施工实际或者不利于施工的情况，严重影响我国山区公路建设的进程。

5.不重视对环境的保护

我国的山区具有独特的风情文化和丰富的野生动植物资源，有的山区生态环境比较脆弱，在建设公路时，如果保护不当，就会破坏当地的生态平衡，给当地的生态环境造成很大的压力。但是，许多公路设计人员缺乏环境保护意识，在进行公路设计时以经济效益为中心，忽视对当地野生动植物资源的保护，导致公路建设对当地独特的风情文化造成很大的破坏。这不仅不利于对我国生态环境的保护，还与我国节约资源、保护环境的基本国策相违背，与我国新时代的新思想和新要求相违背。

二、山区公路设计策略

1.加强现场勘查

公路设计人员对于第一手资料的收集是至关重要的，而我国山区的自然环境复杂多样，因此公路设计人员在设计山区公路之前不仅要勘查所设计公路的长度和预计的宽度，还要对当地的地形、水文、气候进行调查和分析，同时对当地的土壤性质、岩石硬度等进行勘查，并做好详细的记录，然后根据记录的数据进行路线的设计和规划，并在设计中充分考虑当地的具体情况和相关环境因素的影响。在设计完成后，公路设计人员还要对方案进行反复的斟酌并与部门人员进行探讨，然后对方案进行优化，以使设计更好地与当地的自然环境相适应。

2.与地形相协调

高指标的设计是有利于车辆行驶和驾驶员操作的，但是高指标的设计必然会导致公路在施工过程中出现大面积的填挖，使用构造柱的数量也会相应增加，从而导致资金的投入较高，造成资源的浪费。因此，设计人员在山区公路的设计中有必要坚持"以人为本"的发展理念，坚持节约资源的发展模式，根据当地的地形对公路进行设计，从而有效地避免资源浪费。面对曲折的山体或者地势起伏大的山体，设计人员可以采用多种路线结合的方式进行组合设计，这样做可以降低施工的难度，节省施工的成本，使公路与周围的环境更加协调。

3. 选线避开地质灾害多发地

山区地质灾害多，某些地段容易发生滑坡、泥石流等地质灾害。针对这种情况，设计人员要对当地的地形进行详细的勘查，避免因选线不合理而出现处理地质灾害费用过高的问题。设计人员要充分考虑公路对沿途环境的影响，坚持以"防治结合，以防为主"的方针为指导设计多个方案，然后对比各个方案，优先选取处于地质灾害区范围较小的方案。

4. 灵活运用技术标准

设计人员要充分发挥主观能动性和自主创造性，通过对当地实际情况的分析，合理使用规范与标准的弹性空间，合理利用技术标准进行路线设计。山区复杂多样的地形为公路路线的设计增加了许多困难。设计人员在设计的过程中需要充分考虑当地的实际情况和有可能会出现的问题，通过自身的理论知识和众多设计经验的融会贯通，不断尝试各种路线规划和路线设计，然后通过合理调整，灵活运用相关的指标，设计出与当地环境相适应的路线。当然，设计人员还可以不断进行创新，打破常规思维，充分发挥自身的聪明才智，让自己设计的路线别具一格。

5. 注重环境保护

许多山区的生态环境比较脆弱，在施工的过程中极易遭到破坏，而且被破坏后恢复比较困难，因此设计人员在对山区公路进行设计时要充分考虑当地的生态环境，对山区的整体环境进行系统的调研和分析，采取有效措施对当地的环境进行保护，让环境保护落到实处。比如，在野生动物较多的地区，可以建立生态通道，以架桥的方式为野生动物的迁徙留好路线。

设计人员只有充分地将生态功能指数、生态结构指数、生态胁迫指数控制在合理的区间范围内，按照权重比例进行路线设计，才能更好地保证山区路线的合理性，才能更好地维护当地生态环境的多样性。

我国山区公路设计的合理程度会影响整个公路工程的质量和后续的运营，因此设计人员在设计过程中要统筹兼顾，充分权衡，不断对设计方案进行调整和优化，让我国的山区公路能够更好、更快地发展。

第三节　公路设计中的交通安全

我国的公路路线众多，这对公路的使用安全提出了很高的要求。设计人员在对公路进行设计时应充分考虑其对交通安全的直接影响，在设计工作中应将可能会导致安全事故的设计因素一一排除，为广大群众创建一个安全稳定的公路环境，从而最大限度地保证我国的公路交通安全。本节从公路设计对交通安全的影响和优化公路设计交通安全的策略两方面详细地介绍了如何在公路设计中有效规避那些会影响交通安全的因素。

一、公路设计对交通安全的影响

1.公路视距对交通安全的影响

在公路工程项目的设计工作中，设计人员应重点考虑的一个因素就是公路视距，它对交通安全有着重要的影响。研究发现，大约有48%的交通事故与公路视距这一因素密切相关。因此，公路工程项目的设计人员和建设人员都应充分地认识到公路视距这一因素的重要性，对公路视距进行合理设计，确保其符合相关规范，从而保证驾驶员在驾驶车辆的过程中有良好的空间环境，最大限度地避免道路安全事故的发生。结合实际情况来看,公路等级与公路目标可靠度是有正比例关系的,即公路的等级越高,其目标可靠度就越高。

2.公路路面线形对交通安全的影响

通常情况下，在公路工程项目设计中，设计人员会选择具有较好平衡性的线条作为路线的标志，这样能够更好地保证公路具备良好的平衡性，还能够较好地减少驾驶员在驾驶车辆的过程中由于路面的不平整而产生的不适应感。有一些路段经常遇到大雪天气或积水等，这类路段也应该设计成平直的路线，以使其具有更高的安全性。在公路工程项目设计中，设计人员应认识到公路路面线形对交通安全的影响，应对公路路面进行有效的设计，以保证过往车辆的安全。

3.交通标志标线对交通安全的影响

在设计公路的交通标志标线时，设计人员应综合考虑多方面的因素，如公路的车道数、观赏效果以及实际使用过程中的交通拥堵情况等。在设计公路的交通标志牌时，设计人员应充分考虑公路所在区域的环境和气候等因素。举例来说，在暴雨、冰雹和大雪等恶劣天气的影响下，公路交通标志牌很容易翻倒或掉落，很可能会伤及行驶车辆上的人员，即使没有伤及相关人员，掉落的交通标志牌在公路上也是一个障碍，会影响车辆的正常行驶。因此，在设计公路的交通标志牌时，充分考虑环境因素的影响是十分重要的，设计人员应对可能导致交通事故的因素进行预测，并及时排除各类风险因素，确保行驶车辆以及道路行人的通行安全。

4.安全设施设计对交通安全的影响

交通安全的内容既包含行人和车辆在公路上的安全，又包含相关的防护设施和引导指标设计的合理性等内容。通常情况下，驾驶员只有在获得准确的行驶信息后，才能在公路上顺畅地行驶。路标信息的不完善是导致我国交通事故频发的一大原因。目前，我国的科学技术水平得到了较为快速的提高，绝大部分车辆上安装了导航系统。但是，对于一些经济较为落后和偏远的农村地区，导航系统还无法录入相关的路线信息，当驾驶员行驶到这些地区，而导航系统又无法为他们提供指引时，交通指示牌的作用就尤为重要了。如果这些地区交通指示牌上的路标信息不完善，驾驶员的行驶就会受到影响。另外，很多公路路面上配备的防护设施不符合规定，甚至有一些公路路面上配备的是塑料的防护设施，它们根本无法起到任何防护作用，防护围栏等普通的防护设施对车辆的保护作用也十分有限。

二、优化公路设计交通安全的策略

1.对公路视距进行优化设计

无论是公路工程项目的设计人员还是施工人员，都应考虑公路视距对交通安全的影响，应找出可能会对视距设计产生影响的各类因素，如路灯、交通指示牌、交通信号灯以及会车视距等，并针对具体问题进行深入的研究，制定具有针对性的优化方案，从而尽可能减少公路视距这一因素对公路交通安全的不利影响。

2.对平纵组合进行优化设计

对公路工程项目进行设计时，相关设计人员要科学合理地应用平纵组合的模式。在公路项目的线形设计中，很多因素可能会对其产生影响，如常见的几何标准和控制参数。在实际设计工作中，设计人员可适当地提高平纵组合的设定数据，可以先设定好公路直线宽度值，再适当加宽公路弯道的内侧，从而有效地减少在公路弯道处发生撞车事故的风险，最大限度地降低在公路上发生安全事故的概率，保障驾驶员的行驶安全。

　　3.对交通标志标线进行优化设计

　　在设计交通标志时，设计人员要保证设计是符合国家的相关制度规定的。我国的交通运输部门对交通标志牌的选材有着明确的规定，要求交通标志牌的材料必须是钢制材料，这主要是由于钢制材料具有较好的稳定性、防撞能力、整体承载力和抗压能力。因此，设计人员在进行设计活动时应先计算并分析所选用钢制材料的实际承载力，然后结合公路的实际车况来选择材料。对交通标志牌进行安全建设时，设计人员必须要用高性能的混凝土固定住交通标志牌的底端，同样也要用高性能的混凝土和钢筋材料固定好交通标志牌的顶端，以确保交通标志牌具有较好的牢固性。

　　另外，天气因素也会对交通标志牌的使用效果产生影响，因此设计人员在设计时也要将这些因素考虑进去。

　　在车辆行驶中，反射现象对驾驶员的行车安全是有着重要影响的。光在水平面是一定会发生反射现象的，而光反射所产生的效果对驾驶员有着极为不利的影响。为了更好地保护驾驶员的行车安全，最大限度地避免交通事故的发生，设计人员在设计交通标志牌时应尽可能地选用具有逆反射效果的材料，这样，驾驶员即使是在夜间行车，也能清楚地看到标志牌上的内容，从而更快地确定自己的行驶路线，保证行车的安全。

　　4.对交通安全设施进行优化设计

　　为了更好地保证车辆的行驶安全，设计人员还应在充分考虑路面实际情况的基础上分析不同路段的具体情况，完善各类路段的交通标志信息，并进一步改进现有的防护设施，重点调整和完善经济不发达地区和偏远地区的交通标志信息。设计人员应全面掌握各类材料的功能和特性，保证防护设施的实际效果，尽可能地避免交通事故的发生。

　　综上所述，现阶段我国公路设施的发展已较为完善，但在实际工作中设计人员还应充分考虑公路设计对交通安全的具体影响，对公路视距、路面线形、交通标志标线和安全设施等影响交通安全的因素进行优化设计，充分保障行人和行驶车辆在公路上的安全，促进我国公路交通事业的可持续发展。

第四节　生态环保理念下的公路设计

我国交通事业的发展，特别是公路工程的建设，对我国各地的经济、文化交流起到了巨大的促进作用。然而，公路的频繁建设给环境带来了较大的影响，因为在建设公路的施工过程中有许多开挖土石的现象，严重破坏了植被并产生了粉尘污染。本节将以环保为基本理念，对生态公路设计展开具体的分析，希望对我国的环境保护事业和公路建设提供一定的参考。

一、生态环保理念下公路设计的意义

生态公路设计就是在公路建设前通过对周围环境的了解，将周围的农田占地、自然保护区、生态环境以及公路建设的基本条件等充分考虑在内，结合生态环保理念，选择建设公路的位置，设计公路建设图纸，制定各种生态环保材料的采购计划，针对建设过程中可能出现的特殊情况提前制定应对策略，从而尽可能地减少各种突发状况对公路建设进度的影响，确保公路建设更加符合生态环保理念，在顺利完成公路建设、完善基础设施建设的同时尽可能地减少对周围生态环境的破坏。

建设生态公路对于进一步增强设计人员、建设人员的生态环保意识具有非常重要的作用。生态设计、环保建设不仅是公路设计、公路建设的发展方向，更是未来设计、建设的整体发展方向。从长远来看，设计、建设生态公路不仅能使当前的公路工程更加符合未来的发展需求，还能在一定程度上促进公路与生态环境的整体协调发展和大众生态环保观念的加强。

二、公路设计破坏环境的主要因素分析

1.路网规划和公路技术标准不合理

城市中的路网规划超前、公路技术标准过高，会造成区域内贯穿着多条高标准的干线公路和高速公路，这不仅会导致道路的利用率相对较低，还会占用过多的土地，对既有环境造成严重的影响。如果相关人员在公路规划及设计过程中缺乏前瞻性，则会造成区域内公路较少，公路技术标准较低，公路服务水平不足。经过多年的运营后，

人们会因公路无法满足交通量迅速增长的需求而不得不重新建设公路或对既有公路进行改建、扩建，项目的重复建设不仅会浪费大量资源，重新侵占土地，还会对环境造成二次破坏。

2.公路设计不当

在公路设计过程中，若设计人员对地形及地质条件没有进行深入的勘查，对沿线地质情况不够了解，那么其设计出的方案就可能会导致公路建设过程中出现山体超挖及路基超填现象，这不但会对当地的自然环境造成破坏，而且会导致滑坡、塌陷等灾害的出现，使后期公路养护管理成本持续升高。如果公路穿越风景名胜区和自然资源保护区，那么公路设计不当就会对当地的自然景观和人文景观造成较为严重的影响。另外，部分公路还可能存在排水系统设计不规范等现象，这将使水资源污染问题更加突出。所以，公路设计人员在公路设计过程中应当对上述因素给予高度重视，避免各种不必要的破坏，减少环境污染，促进公路的稳定运行。

三、生态环保理念下的公路设计原则

1.避免破坏生态环境和自然保护区

因为建设公路会占用大面积的土地，所以会在一定程度上破坏生态环境，而且在公路施工过程中，会有大量施工垃圾产生，这会进一步加深公路建设破坏生态环境的程度。建设生态公路的基本原则就是最大限度地保护生态环境。公路设计人员在设计生态公路的过程中，要采取具体的措施，避免公路建设破坏生态环境，若沿途有自然保护区，则需要采取具体的避让措施，避免公路建设对自然保护区造成破坏。

2.尽可能少地占用农田

我国人口众多，耕地面积有限，在粮食供应方面有较大压力。因此，公路设计人员在设计公路时，应减少公路对耕地的占用，尽可能不破坏耕地。若生态公路的建设必须占用耕地，那么公路设计人员要使公路从耕地中间穿过，以免产生"廊道效应"。

3.经济性原则

建设生态公路需要大量资金。公路设计人员在设计过程中要确保生态公路的经济性，必须充分调查和考虑实际情况，对施工路线进行科学合理的选择，主动避开不适宜的地段，设计出低造价和工程量小的方案，以避免在生态公路施工过程中出现资金紧张或与经济性原则相违背的情况，对建设生态公路的进程造成影响。

四、生态环保理念下公路设计的实效策略

公路设计不当可能会对沿线居民的生存环境和当地的生态系统平衡造成负面影响，因此公路设计人员必须确保公路设计方案科学合理。公路设计人员应以环境保护为基础，结合实际状况，采用实效性策略进行公路设计，具体可以从下面几个方面着手：

1.结合公路的特点展开设计

不同的公路在特点上存在着较大差异，因此在公路设计过程中，设计人员必须考虑公路的特点，分析公路周边的自然环境和社会环境，针对不同的公路项目采用不同的设计方案，确保公路和周边环境相融合，全面提升公路设计的实施效果。

2.结合公路走廊带内的地形及环境特点展开设计

在公路设计过程中，设计人员应结合地形差异选择正确的断面形式，在地形较好的地段选择常规路基断面形式，在山地、丘陵地区则结合实际情况选择路基或者桥梁形式，设置合理的隧道分布形式，减少隧道工程量。

3.结合地形情况展开公路设计

公路设计人员应当结合地形的实际情况合理规划路线，确保公路线路和周围环境相互融合，以免公路建设影响沿线的环境和自然景观的稳定，如制定合理的桥隧方案，确保路线设计的科学性和合理性，落实环境保护工作，等等；针对越岭线选用大坡度上坡、小坡度展线下坡的形式，以有效减少交通事故的发生，保证公路的稳定和顺畅；优化路线，尽量避免公路建设中出现高填深挖的现象，减少对环境的破坏。

4.制定科学合理的施工技术指标

公路设计人员设计出的方案要满足公路安全性与功能性的基本要求。公路设计人员要在设计过程中对比桥隧与填挖的施工方案，科学合理地设置各项指标，从而确保公路施工的基本质量，并减少公路建设对环境的污染。

5.加强对路侧净区设计工作的重视

公路设计人员要加强对路侧净区设计工作的重视，认真做好排水系统和边坡等相关设计工作，做好这些设计工作不仅能有效地保护生态环境，还能保证行车安全。公路设计人员在设计路侧净区时，应尽量降低边坡高度与坡度，同时在坡顶边线设置截水沟与急流槽，以避免水土流失；在设计边坡时可以使用柔美、自然以及流畅的形式，并加强对边坡防护及绿化功能的重视。

6.重视公路景观的设计

公路设计人员在设计公路时应以环境保护为基础，做好公路周边的山体复绿、植被覆盖等景观设计工作。植被绿化能够有效地稳固公路路基及边坡，同时减少车辆行驶过程中的噪声污染及扬尘污染。所以，设计人员应当结合公路沿线的实际情况选择合适的绿化植物，从而有效地减少环境污染问题。

公路设计人员需要对地形、风土人情以及建筑风格进行综合考虑，设计出具有人文特色的路线景观，从而给行车人员营造良好的行驶环境，如中央分隔带可以种植低矮灌木，公路两侧可以种植景观树，路基边坡可以种草，直线路线两侧可以种植花草树木，弯道外侧可以种植高大林木，弯道内侧可以种植花草灌木，路堑边坡可以种植防护草丛，公交区域可以采用园林式绿化方式，等等。

五、生态环保理念下公路设计的具体规划

1.规划具体的公路位置

公路建设要全面达到生态环保的标准，规划具体的公路位置是极其重要的。科学合理的公路位置是正常开展公路建设的必要条件，也是保证工程质量的基础条件。所以，公路设计人员需要对公路沿线的植被分布情况、气候条件、地形及居民的分散情况等进行综合考察，在维持大自然生态平衡的同时确保公路建设的高效性。

2.科学开展桥涵与隧道设计

在桥涵设计方面，设计人员要避免灌溉系统和自然水系遭到破坏，结合当地的实际情况开展桥涵设计，对自然水流进行有效的保护；要了解当地的水利与排灌系统的实际情况，使桥涵设计与之协调。

在隧道设计方面，选择隧道地址时，设计人员要充分考虑当地的地质条件，避开与水有关的结构层，对地下水进行有效的保护，避免植被遭到破坏；进行隧道洞口设计时，设计人员要保护当地的自然资源，避免大面积开挖，遵循早进晚出的原则。

3.合理进行互通立交设计，总体规划排水系统

设置互通立交的位置时，设计人员要避免对原有地貌造成破坏，要对当地的水土进行有效的保护。进行立交区景观设计时，设计人员要确保立交区景观与自然环境协调一致，同时还要考虑驾驶员的安全，尽量不要营造突兀的景致。设计排水系统时，设计人员要考虑总体的设计计划，在不影响排水系统排水功能的前提下，使其与景观

设计有效融合。

4.合理开展边坡防护设计

进行边坡防护设计时，设计人员要采用多种技术使边坡得到有效的绿化，要选择恰当的植物。这些植物要有极强的净化能力和吸附能力，还要使边坡更加美观。公路段位于居民区附近时，设计人员要选择多层次的绿化方式，以形成绿色隔离带，减轻噪声污染和空气污染。

5.监测施工现场的绿色环保

在建设生态公路的施工过程中，相关人员需要全方位地监测施工现场的绿色环保状况，需要持续监测施工现场的非正常反光、污水排放和嘈杂声音等，并及时对其进行处理和控制，以保障周边居民和现场施工人员的身心健康。另外，循环利用是绿色环保的宗旨，这样既可以提高资源利用率，又可以减少浪费现象和环境破坏现象，所以，施工人员不可将公路建设过程中产生的固体废弃物（如公路建设残余的盖土、石头和砂子等）随意丢弃在施工现场。

6.设计路基

在设计生态公路的路基时，设计人员需要结合当地的地质和地形条件，准确地计算出填方边坡率，并准确地测量出所需堆填的填土的体积，以获得准确、科学的有效数据。设计生态公路的相关高度范围时，设计人员必须对当地的水文和地理情况进行综合分析，若公路存在于干旱的环境下，则路基高度需要控制在 1 m 上下；若公路在动物必然会经过的地方，则路基高度要控制在 2 m 以内；若路基高于 3 m，则必须考虑公路是否会影响动物行走，是否需要建造供动物停留的涵洞。

此外，在设计路基时，设计人员要注意填土不可危害环境，不能任意开采和随意丢弃，应该在节约成本和土地资源的前提下，在特定的地方取土挖坑。

7.设计路面

基于生态环保理念的公路路面拥有较多的类型，在设计生态公路的过程中，设计人员需要选择合适的路面类型。生态公路中较为坚固的路面结构为沥青混凝土结构，设计人员需要通过对公路的级别及使用状况进行考量，决定其铺设高度和比例。

此外，设计人员需要综合考虑公路沿线的水域和天气等会对公路路面产生影响的因素，得出公路设计的有关结论。公路必然会经过砂性土路段，这种土质结构非常疏松，土壤容易被雨水带走，特大雨水还会引发泥石流和山体滑坡等严重的地质灾害。

所以，导引水流在路面的建设中极其重要，除了路面拱坡排水方法，还可以在断面较大的区域采用泥浆砌筑成护坡。

总体而言，生态公路设计将生态设计和公路设计完美地结合在一起，同时也实现了生态环保和交通运输职能。生态公路建设积极地保护了生态环境，也使公路建设获得了持久的发展。

第五节　公路设计中的绿色低碳理念

近年来，随着社会经济的不断发展，环境问题受到了人们的广泛关注。公路工程的建设一方面给人们的生产和生活提供了便利，另一方面也对我国的生态环境造成了较大的负面影响。为了实现公路建设的健康可持续发展，人们越来越重视绿色低碳的设计理念。在此背景下，本节将对绿色低碳的内涵及目标进行论述，并结合实际情况对绿色低碳理念在公路设计中的具体应用进行详细介绍，希望能够给同业人员提供一定的技术参考。

一、绿色低碳的内涵及目标

1.绿色低碳的内涵

绿色低碳是一个宏观概念，是一种降低人们日常生产生活能耗的思想理念。众所周知，空气中二氧化碳含量过高会加剧地球的温室效应，进而给人们的生活带来一系列的负面影响。因此，应该严格控制空气中二氧化碳的含量。

2.绿色低碳的目标

绿色低碳的根本目标是合理控制二氧化碳的排放量，降低二氧化碳对大气的污染程度，实现低碳生活。就公路设计而言，绿色低碳的主要目标是将公路设计和环境保护进行有机融合，选择科学合理的施工技术和施工标准，保证施工的效率和质量并尽量降低公路建设对周围环境的影响。

二、绿色低碳理念在公路设计中的应用

1.公路路线设计

要在公路路线设计中融入绿色低碳理念，设计人员应从两方面着手：一方面，设计人员应该对公路资源进行合理的集约利用，要在设计前充分考虑公路和铁路的通道、高速公路和普通公路的公用通道，以及水利工程和公路路线的公用资源等。只有在设计时充分利用这些共同资源，提升固有资源的利用率，才能从根本上提升公路建设的环保程度。另一方面，设计人员应该本着安全、环保、原生态的原则，根据建设地的地形和公路的用途对公路路线进行量身设计，尽量避让农田，减少土地的分割，选择路堑施工和路堤施工方案时尽量做到平衡开挖，最大限度地做好土地资源的保护工作。

2.路基路面设计

设计人员要在路基路面设计中融入绿色低碳理念，需从以下几方面着手：首先，应该合理利用清表土。在进行公路建设时，会产生大量的清表土，这些清表土含有一定的腐殖质，是绝好的公路边坡绿化用土，其丰富的微生物和营养成分能够有效提升植物的成活率。把清表土作为绿化用土一方面可以减少绿化用土的开挖量，另一方面可以防止废弃用土对环境造成过大的影响。其次，应该恢复和保护公路周围的绿色植被。在进行公路建设时，应尽量避免破坏区域内原有的绿色植物，在一定的条件下还可以对必须要挖走的植物进行移植处理。另外，在对公路周边进行绿化恢复时，应根据当地的气候和环境选择适宜的绿色植被，尽量选用公路周围原有的植物品种，以提升绿色植物的成活率。最后，公路的边坡防护对公路的正常运营有着重要的意义，因此设计人员在对公路边坡进行设计时应该认真考虑公路边坡的实际情况，始终遵循尊重自然的原则，使公路边坡的生态系统与公路所在的大环境相吻合。

3.水资源循环设计

在进行公路设计时，设计人员应该根据当地的水资源环境构建绿色的施工体系，这主要包括对施工过程中产生的污水的回收利用和对雨水的收集利用。一方面，设计人员可以改变传统施工过程中对污水的处理方式，设计一定的方案对施工废水进行回收和二次利用，减少水资源浪费的情况，降低公路建设的成本。另一方面，针对降水影响公路环境和公路质量的问题，设计人员可以在公路沿线设置雨水收集口，降低雨水的径流系数，改善公路的水循环系统。

4.噪声控制设计

公路的建造和运营难免会对沿线地区造成一定的噪声污染，给人们的生活带来不便，因此在进行公路设计时，设计人员应该对公路噪声予以充分考虑。当前解决公路运营噪声问题的主要方式是在公路沿线修建绿化带或者设置声屏障，在敏感地区设置禁鸣标志，禁止过往的汽车鸣笛。当然，设计人员也可以在设计公路路线时，根据实际需要，尽量绕开声音敏感区。

绿色低碳环保理念已经贯穿于社会的各行各业。公路工程建设作为涉及民生发展的重要基础设施项目，在设计中引入绿色低碳理念，为我国的节能减排作出了巨大贡献，同时也从根本上推动了我国社会建设的可持续发展。

第六节　农村公路设计要点及注意事项

在当前新农村建设工作中，农村公路作为重点建设项目，直接关系到农村经济的发展，因此也越来越受到大家的关注。在农村公路设计工作中，相关人员要根据农村的实际情况进行科学的勘测和设计，全面提高农村公路设计的科学性和合理性，为农村经济的健康、有序发展奠定良好的基础。本节将从农村公路的特点入手，分析农村公路设计的要点，并对农村公路设计中的注意事项进行具体的阐述。

一、农村公路设计的要点

农村公路弯多、弯急、坡陡、坡长、路狭，给行车的安全性和舒适性带来了一定的影响。因此，在实际的农村公路设计过程中，设计人员需要对主要工程的平面、纵向和横向等要素进行综合分析，并注重不良线形路段的设计。农村公路里程长、覆盖面广，路面交通运营过程中存在较大的干扰，设计人员在设计时要重视对交通参与者安全出行的提示、引导和规范。

1.路面结构的设计

路面结构的设计是农村公路设计的要点之一。当农村公路建设以旧沥青为路面基础时，施工人员需要对路面进行挖掘处理，并在沥青补块上铺设玻璃纤维格栅，若存在沉陷情况，则需要重新挖掘，并对代表弯沉值进行计算，根据弹性层状理论确定加铺的补强厚度。当农村公路建设以旧碎石路面为路面结构的基础时，需要对级配碎石和泥结碎石的路面进行改建，将旧路打碎并进行掺灰处理，以此作为底基层，然后根据实际情况确定是否加铺补强层。

2.路基的设计

在设计农村公路的路基时，设计人员要明确路基的高度，综合考虑纵面利用和平面利用，完善排水系统的设计。当路基处于塘堰密布和沟壑交错的水网区域时，设计人员在设计时要结合实际情况适当地增加路基的高度。当遇到软基情况时，设计人员则需要采取具体的换填、抛石挤淤、排水等方法对软基进行处理和加固。设计人员在设计新建公路时，要尽量避免出现大填大挖的情况，有效地对水土资源进行保护；可以设计专门的弃土堆和取土坑，尽量减少公路建设对周围生态环境的破坏，实现对生态环境的有效保护。

3.路线线形的设计

设计人员在设计具体的路线线形时，主要以纵断面和平面线形设计为主。设计人员在进行纵断面设计时，应该在满足桥下通航要求的同时满足泄洪断面要求；平面交叉的道路宜进行有效衔接，立体相交的道路要与本路及被交路的行车净空要求相符。当路线需要穿越乡镇时，设计人员要综合考虑当地的环境问题。在实际设计中，设计人员还要对老路的路面结构进行考虑，一般路段的纵断面设计要与路面结构的补强设计相符，当纵断面拉坡时，则要尽力拟合老路，避免在老路路面上进行大挖和大填的情况，要对老路的路面结构进行充分的利用，尽量不对老路进行挖掘。

对于平面线形设计来说，如果是顺直的路段，设计人员则需要利用较高的指标，这样道路建成后也会拥有良好的行车条件；如果是一些施工比较困难的路段，设计人员则需要明确相应的技术指标，然后在此前提下对老路进行有效的利用；如果老路地形条件恶劣或者遇到一些无法解决的问题时，设计人员则需要考虑改变公路路线的方案。

4.公路交叉设计和沿线设施设计

如果公路存在交叉口，那么设计人员在设计的时候一定要注意交叉口位置的设置、交叉路线线形的设计等问题。另外，在施工过程中，相关人员要对交叉路口提前进行铺设，并且要确保行人出入口的数量达到要求，给行人带来便利。此外，设计人员在设计农村公路时，要在相应的位置上设置指路牌、地名牌和安全标志。农村公路设计要更多地体现人的利益，不但要确保公路的安全性，而且要给大众带来便利。

二、农村公路设计中的注意事项

1. 村庄、城镇、学校路段

在农村公路设计中，若公路前方存在比较隐蔽的村庄或是公路旁经常有村民活动，而线路弯曲影响视线，设计人员就需要在附近设置村庄标志；若公路沿线有较多城镇或村庄，设计人员就需要在公路两端设置村庄标志；若公路上的人行横道位置比较隐蔽，设计人员就需要在适当位置设置标志，同时设置停止线、导向车道线等；若公路两侧有学校，设计人员就需要在路段两端设置学校和儿童标志；在公路交通量较大的村镇和学校路段，设计人员要设置限速标志，必要时还要设置信号灯。

2. 陡坡、长下坡、危险路段

在农村公路设计中，特别是在山区和丘陵地带的农村公路设计中，通常是顺着地形布线，因此陡坡和长下坡路段较多，设计人员在设计时要合理设置上下陡坡和连续下坡等标志，也可以在陡坡标志图形上标出具体的坡度值，另外还要在下坡起点设置限速标志，在坡顶前设置减速标线。有一些路段存在一定的危险，当这些路段没有防护设施时，设计人员应设置具体的标志（如堤坝路标志、傍山险路标志、落石标志等）以提醒过往车辆。

3. 桥隧路段

在农村公路设计中，大型桥梁出现的概率较小，多为一些结构较为简单的小型桥梁，所以设计人员要在适当位置设置窄桥标志。受造价制约，农村道路很少设置隧道，即使设置了隧道，一般也没有照明设施，且通常是单洞双向行驶。因此，隧道入口前应设置隧道标志，在无照明或照明不足的隧道入口前应设置开车灯标志（隧道标志和隧道开车灯标志只需根据实际情况设置其中一个即可）。隧道前的路段为曲线路段时，设计人员应设置视线诱导设施。此外，设计人员应在隧道前设置减速标线，应在车行道边缘线上设置突起路标，车道分界线应采用实线。

4. 小半径曲线路段

农村公路平面线普遍半径小，且反复连续出现，一旦受到植被遮挡，必然会影响驾驶员的视线。在具体设计时，针对采用极限最小半径或是半径小于极限最小半径的曲线路段，设计人员要采取必要的限速措施，联合使用各种标志，还要设置禁止变换车道标线和减速标线。另外，急弯和反向弯路标志图案要与路线的实际情况保持一致，对于连续弯路总长超过 500 m 的情况，应重复设置标志，或者在连续弯路标志下附加说明连续弯路长度的辅助标志。

在实际的农村公路设计中，设计人员需要遵循安全第一和以人为本的原则，更好地发挥公路的功能，并运用具体的技术标准协调好公路、人和环境之间的关系，对环保、经济、美观和安全等诸多因素进行综合考量，确保农村公路设计的安全性、合理性，为农村公路投入使用后能够安全、稳定地运营打下坚实的基础。

第二章　公路设计的创新研究

第一节　公路设计与环境的协调

所谓公路设计与环境的协调，主要指的是公路设计应在符合公路技术标准的前提下，通过公路线形设计，跨越河道、铁路、管线及公路的结构设计以及其他附属性设计使公路与周边的自然环境相互协调。这样既能够增强公路的美观性，给行车人员带来更加舒适、优美的视觉体验，又能减少对自然环境的影响，从而实现人类发展与自然生态的和谐。

一、公路对其周边环境的主要影响

1.公路噪声对周边环境的影响

公路工程施工时所使用的各种机械设备在运转过程中会产生较大的噪声，而且公路投入使用后，来往车辆也会由于其发动机运转、车体震动、鸣笛、车轮与路面之间的摩擦等发出噪声，这些都会影响公路沿线的环境。

2.公路对周边空气质量的影响

公路施工过程中大多需要使用水泥、石灰以及粉煤灰等建筑材料，这些材料会产生大量粉尘，对空气造成污染。施工便道由于受到车辆的反复碾压，又得不到及时养护，因此顶面集料会脱落并被碾压成粉尘，当有外界机械扰动或风力扰动时，便会形成扬尘污染。此外，在铺设路面时，沥青中的一些有害成分也会对空气造成污染。在公路投入运行后，过往车辆所排出的尾气含有大量的有害固体颗粒，这些物质对公路沿线的空气、土壤以及水体等都会造成破坏。

3.公路对周边水体环境的影响

在施工过程中，部分施工人员直接将废土、废渣等固体废弃物丢在水体中，施工中产生的生产生活废水也采取直排方式，这会对水体环境造成严重的危害。在公路投入使用后，车辆行驶过程中泄漏的有毒、有害物质以及相关服务区产生的废水如果进入水体，也会对水体环境造成严重的污染。

4.公路对周边地区生态环境的影响

由于公路在施工时需要进行大量的土方工程，因此往往会对原有地貌以及植被造成严重的破坏。另外，在施工过程中，一些施工人员随意倾倒弃土，未采取有效的措施保持水土，造成水土流失，从而破坏生态环境。

5.公路对周边地区社会生活的影响

公路建设往往需要占用大量土地资源，这会使我国耕地以及建设用地更加紧缺。此外，公路建设带来的拆迁问题，可能会对人们的正常生活造成影响，导致一些不稳定因素的产生，影响社会的和谐。

二、提高公路设计与环境的协调性的总体思路

1.合理运用设计手段对现存环境进行改造

（1）合理选择公路线形。在公路设计中，设计人员应根据环境的特点来规划公路线形，并合理搭配公路的平纵组合及横断面布置形式；应采取渐变式的线形，尽量避免突变，平纵线形应保持平衡变化，从而提高线形的立体感；应充分考虑速度对视觉的影响，从而保证驾驶员的行车视距。

（2）公路局部设计要与环境协调。在对公路进行局部设计时，设计人员应合理设置公路的纵坡以及平面布局，既要使公路与周边的自然环境协调统一，也要尽量减少工程量。在设计中，设计人员应根据实际情况对路堑边坡坡顶进行圆弧化处理，或适当放缓路堑边坡，尽量使其与原始的自然地面形态相协调，提高公路的美观性。在公路沿线的局部设计中，设计人员应充分利用景观特点，使公路与沿途的植物、山川、农田等形成有机的整体。如果有需要开挖施工的路段，那么设计人员应根据环境特点进行公路的平、纵、横组合设计，尽量减少土方工程量，不随意采取平面较高的技术指标，以减少对自然环境的破坏。另外，设计人员应对公路的各种设施和标志进行合理的修饰，以提高公路的美观性。

（3）在公路设计中要充分融入生态设计思路。设计人员在对公路进行设计时，要在保证行驶安全的前提下，增加公路的生态景观设计，对公路进行美化，可以采取种植行道树以及其他植物的方式来保持水土，对公路边坡加以保护。植物组成的线形还

可以有效地增强公路线形的变化，并起到一定的视觉诱导作用，从而减少驾驶员的疲劳感，提高行车的安全性。另外，在设计公路的绿化景观时，设计人员应尽量选用当地的植物，这样可以提高景观构建的成功率，降低施工成本。如果公路施工区域内有古树名木，那么设计人员应对原设计方案进行相应的调整，以免对其造成破坏。

2.充分利用自然元素进行公路景观设计

（1）在公路线形设计中融入环境要素。在设计公路线形时，设计人员应根据周边自然环境的特点，选择科学的线路，并对各种线形要素进行合理搭配，从而使公路形成协调连贯的线形，使公路既具备优美的视觉效应，又对视觉具有良好的诱导作用，达到公路与环境协调的目的。在对公路线形进行几何设计时，设计人员应注意保持平、纵线形的技术指标大小均衡，避免线形出现扭曲或者暗弯不利组合等问题。

（2）在公路路面设计中融入环境要素。在公路路面设计中，设计人员应在保证路面的耐磨性和强度达到技术要求的基础上，增加景观的美观性。设计人员可以在设计实践中通过使用彩色路面来丰富路面色彩，改变传统公路颜色的单调性，还可以使用与路面材料颜色存在差异的其他材料来进行隔离带、路缘以及行车道的设计，从而对公路进行美化，同时也使公路的视觉诱导性得到有效的增强。

（3）在公路附属设施设计中融入环境要素。公路设计人员应该尽量将公路沿线的附属性服务设施设置在景观条件比较好的区域。公路设计人员对附属设施进行设计时，要在保证正常行车需要的基础上，合理选择附属设施的造型、色彩及风格，使附属设施既能体现景观的地方特色，又能够与环境协调，同时能体现当地的风俗文化，使附属设施与公路以及周边环境有机地融合在一起。

（4）在公路构造物设计中融入环境要素。公路工程中构造物的设计也要与周边环境以及公路整体景观保持协调一致。例如，在设计中，设计人员可以选择分离式路基的设计方式，从而避免横纵断面影响自然景观。

公路交通对于我国的经济建设和社会发展具有十分重要的意义和作用，公路设计是公路工程建设中的重要环节之一。近年来，环保理念深入人心，在对公路进行设计时也必须积极转变思路，努力促进公路建设与自然生态环境的协调。设计人员要在设计中增强自身的环保意识，积极借鉴国内外的成功经验，并结合公路工程的实际情况，充分利用环境资源，对设计环境进行合理的改造，从而促进我国公路交通事业的可持续发展。

第二节　公路设计中的安全性及耐久性

公路如果缺乏一定的安全性及耐久性，就可能会导致较大安全事故的发生，人民的生命和财产安全就会受到威胁，因此提高公路的安全性及耐久性是很有必要的。本节将对目前公路设计在安全性及耐久性方面存在的不足、提高公路安全性及耐久性的有效措施两个方面进行探讨。

一、公路设计在安全性及耐久性方面存在的不足

1.没有建立完善的公路设计和施工管理体制

目前，我国很多公路的安全性及耐久性存在一定的问题，甚至在有些公路发生安全事故之后，相关部门才知晓该公路工程存在安全问题。随着经济的发展和社会的进步，各行各业发展的节奏都在加快，但是公路设计和施工过程中的一些必要环节和细节不能因此被省略。相关部门没有建立起较为完善的公路设计和施工管理体制，这是公路施工安全事故频发的主要原因之一。

2.相关部门对公路设计工作缺乏重视

负责公路设计和施工管理的相关部门对公路设计工作缺乏一定的重视，忽视对公路设计工作的管理和监督，这是公路缺乏安全性及耐久性的原因之一。目前，我国存在一些公路施工单位不按照公路设计图纸和方案来进行施工的情况，还存在一些会严重影响公路施工质量的不良风气，如相关人员为在建筑施工中谋取一定的利益而在施工过程中偷工减料，导致整个公路工程的安全性无法得到保证，最终完成并交工的公路工程质量与施工之前的预期相差较大，公路工程的安全性及耐久性不能达到预期的标准。

3.公路工程设计和施工的规范性有待提高

在进行公路工程设计时，相关人员必须遵守我国公路工程设计和施工的相关规章制度，但是实际上不少人员在设计的过程中并没有严格遵守这些规章制度。这些问题会在很大程度上影响公路的安全性及耐久性。

二、提高公路的安全性及耐久性的有效措施

1.加强公路结构设计的科学合理性

要想快速、高效地提高公路的安全性及耐久性，相关人员就要对整个公路工程的结构进行分析和评估，尽可能选择一些寿命较长的局部结构来构成整个公路工程的总体结构，这样公路工程的结构设计才能够具有一定的科学性和合理性，公路工程的安全性及耐久性才能在一定程度上有所提高。

2.要注意外在因素对公路工程的影响

设计人员在对公路工程进行设计时，一定不能忽视外在因素对公路工程的影响。外在环境因素，如地震、台风、暴雨等，都会对公路工程的施工和公路的使用造成一定的影响。相关人员只有将这些外在因素充分考虑进去，才能在一定程度上提高公路的安全性及耐久性。

3.建立并完善公路工程设计和施工管理体系

对公路工程进行管理的相关部门，要结合本地区公路工程设计和施工的具体情况建立并完善工作监督管理体系，从而对公路设计人员和公路施工人员的行为进行严格的监督和约束。这样，才能为公路工程的设计和施工提供一定的制度支持，提高公路工程设计和施工的规范性，保证公路的安全性及耐久性。

4.不断提高公路工程设计的质量

公路工程是我国公共设施建设中非常重要的一部分，如果在使用公路的过程中发生安全事故，那么就有可能给使用者带来非常严重的人身安全威胁和财产损失。公路工程的设计是公路工程施工的基础，在公路工程的建设过程中起着不可或缺的作用。因此，设计人员要不断地提高自身的专业素养和工作水平，及时了解国内外公路工程设计的先进技术，确保公路工程设计方案的科学性、适用性及合理性，不断提高公路工程设计的质量。

第三节　生态公路设计体系

公路是国家经济和国防建设的保障，其重要性不言而喻。随着经济的不断发展，我国公路建设的规模不断扩大，建设速度也在不断加快，公路建设对生态环境的破坏

问题也日益突出，如何建设生态公路就成了亟待解决的问题。

一、生态公路的定义与特性

所谓生态公路，就是在最大限度地遵循生态学理论的基础上，与自身所处的地形、周边植被以及人文、自然景观达到高度和谐的公路。

生态公路的特性如下：

1.生态性

生态性是生态公路最为显著的特征。一条公路的生态性主要体现在其是否具有良好的生态位置，其周边环境质量能否达标，其是否具有景观功能。

首先，公路位置的确定可追溯至公路设计之前。地质条件、自然环境等都是确定公路位置的重要因素，通过对以上因素的综合分析，设计人员便可确定公路的最优位置。其次，公路的建设会不可避免地对周边的环境造成一定程度的破坏，如破坏植被、截流水源、占用耕地等。生态公路会运用各种先进的科学措施将建设过程中对环境的破坏控制在最小范围内，即使出现不可避免的破坏，也会最大限度地对其加以恢复并对其进行环境补偿。再次，生态公路不仅具有实用价值，而且具有景观价值。最后，生态公路以"绿化"为核心。绿色是生命的象征，绿色植物对生态平衡有着极为重要的作用——绿色植物不仅能动态地维持生态的平衡，还能保持水土、净化空气。利用绿色植物减少公路建设对生态环境的破坏是生态公路的重要特点之一。

2.双重性

生态公路具有双重性，它既是人类创造的一个新型生态系统，又受其周边自然环境的制约，不但体现了人工与自然环境的高度结合，而且从宏观方面阐述了人与自然是如何达到平衡的。

二、生态公路的设计体系

1.生态公路的设计目的

对于生态公路的设计目的，设计人员可以从公路与环境两个方面进行分析。从公路方面讲，公路首先应具备交通运输功能。公路设计与经济发展是不可分割的，公路在具有较高运输量的同时，其设计也应具有超前性。从环境方面讲，如果一条公路的交通运输功能的实现是以破坏环境为代价的，那么这条公路的设计是失败的。把对环境的影响降至最低是生态公路设计的关键。

设计生态公路的目的是生态公路建设中各个阶段的指导思想，它与各阶段的特点和内容相结合会产生不同的分项目标，不过最根本的目标还是采用各种方法降低公路建设对环境的影响。

2.影响生态公路设计的因素

公路设计与生态设计原本是两个独立的体系，而生态公路的设计将二者结合起来，因此生态公路的设计人员必须充分考虑两者结合后会对其产生深远影响的各种因素。

（1）通行功能。公路的基本功能是通行，只有充分保障公路的通行功能，生态公路设计的意义才能得到体现。

（2）全寿命周期。生态公路的全寿命周期会在很大程度上影响周围的环境，因此设计人员在确定设计方案时应进行全面考虑。

（3）周边生态体系。公路周边的生态体系对生态公路的设计（尤其是恢复生态、后期环境补偿）有着重要影响。

3.生态公路设计的流程和架构

尊重自然是生态公路设计的核心理念，加之经济、地形等因素的影响，在设计生态公路时应注重环境，旨在将公路建设对环境的影响降到最低。科学合理的设计流程和架构可以最大限度地对生态公路的设计进行规划和整合。

（1）生态公路设计的流程。生态公路设计的流程如下：对区域环境进行调查→确定设计目标→出具设计方案并设定评估标准→选择最优方案并实施→对方案实施进行跟踪并及时收集反馈信息。

（2）生态公路设计的架构。在可行性研究阶段，相关部门会明确说明工程项目的概况及投资规模，也会分析工程性质和工程对自然环境的影响，这主要包括对拟建公路地区的生态环境进行基础调查，并对其生态敏感性加以分析，然后根据分析结果设计出优化方案，尽量减少公路建设对环境的破坏。

进入初步设计阶段后，设计人员应收集详细的地形资料，运用生态设计的技术，结合地质地貌，选择合理的设计方案，避免公路建设对生态系统造成破坏。

施工图的设计会对公路的景观性、生态安全性作出要求，这一阶段的设计会更加详细，包括路面、桥梁、隧道的设计，以及路线经过区域土地的占用、断面造型、排水、控制噪声污染、植被恢复等方面的设计。

在整个生态公路建设过程中，施工阶段对环境的影响最大，处理好施工场地的环境问题就是对环保、生态理念的最好实践。在施工过程中，相关人员要合理地设计坡度、排水系统，处理好回填土，编制合理的施工组织，同时尽量减少对沿线居民的干扰。

在公路建成并通车后，对公路的养护和管理尤为重要。为了维持公路的正常运营，相关部门应该制定完善的管理检测计划，尤其应加强对周围生态防护的检测。

为了检验生态公路的设计成效，除日常养护之外，相关部门还应建立相应的监督和检查制度，收集好相关数据，以供后续设计参考。

4.生态公路设计中的环境补偿设计

环境补偿设计是对公路设计阶段无法避免的环境污染进行治理，尽可能地恢复原有的生态系统功能，对保护公路沿线的环境有极为重要的作用。生态公路设计中的环境补偿设计应遵循以下原则：①使原有的生态系统保持连续性；②维持路域生态系统的稳定性；③加强对自然植被的保护；④恢复生态环境，建立新的生态平衡。

三、生态公路设计方案的选择

生态公路的设计过程就是寻求实体公路与环境平衡的过程。选择合理的生态公路设计方案需从以下几方面着手：

第一，提取设计指标。设计人员可用目标分解法选取指标，对研究对象进行分解，从总目标着手，逐层分解，直到分解出的指标达到可测的要求。

第二，比选路线设计方案。这是生态公路设计的重要内容，是对公路设计与环境的关系的总体把握。但是，无论是从内在还是从外在来说，协调都是路线方案比选的唯一衡量标准。

第三，对典型方案进行比选分析。典型方案会在很大程度上影响公路设计中的总体路线以及工程造价等。典型方案的比选重点在于对比选方案的工程特点、环境影响因素、工程的可行性、工程造价的分析，抓住其中的主要矛盾，确定最优方案。

第四节　公路设计中的地质勘查工作

公路建设是我国基础设施建设的一项重要任务，设计人员应将更多的创新技术融入公路设计，完善现有的公路网络。不是所有的地质环境都适合修建公路，这就需要公路设计团队提前到现场进行实地考察，在此基础上提出合理、有效的方案。地质勘查工作作为公路设计中的一个重要环节，能够在很大程度上减少地质环境带来的安全问题，为公路工程的质量提供一定的保障。

一、公路设计中地质勘查工作的重要性

在设计公路前，进行地质勘查是十分必要的。我国地形复杂，平原、山地、丘陵以及高原等地形在我国都有分布，这会对公路的施工产生一定的影响。设计人员若不提前对公路施工现场及周边的地形环境进行勘查，直接套用现有的设计模板对公路进行设计，在施工的过程中就很容易出现一些突发情况，影响正常的施工进度，甚至给公路施工者的生命财产安全造成一定的威胁。因此，地质勘查工作需要引起公路设计团队的充分重视。除了施工现场及周边的地形条件，土质、气候、水文等也是公路设计团队应当提前进行勘查和分析的要素。以公路施工现场及周边的土质条件为例，土质会对土层的密度、强度以及土层的排水能力产生较大的影响，若将公路建在土质疏松的地区，则会增加施工的难度，疏松的土层还可能会在施工过程中出现倾斜、塌方等问题，甚至会埋下路基倾斜、路面断裂等安全隐患；排水性较差的土层会影响公路在暴雨等恶劣气象条件下的排水能力，造成路面的积水问题，影响车辆在雨天的正常行驶，甚至发生一系列本可以避免的交通安全问题。

二、公路设计中地质勘查的主要方法

1.对公路施工现场及周边的地质条件进行调绘

地质调绘工作的主要对象是地貌单元的边界、断层、地层的接触线以及特殊地形的边界处，相关工作人员首先要对其进行合理的勘查，然后进行模拟图纸的绘制，将现场的真实情况通过图纸清晰地展现在公路设计团队的面前。在面对山地、丘陵以及

高原等特殊、复杂的地形或者并不是十分适合进行路基建造的土质时，现场勘查团队要适当拓宽勘查工作的范围，对路线周边的环境进行深入的研究和分析，采用大面积的工程地质调绘模式，及时发现公路沿线每一处施工场地可能存在的安全隐患，并将它们扼杀在摇篮之中；当现场存在的问题难以解决时，设计人员要及时更换公路选址。这种具有针对性的勘查方式可以保证公路沿线每一处施工场地的设计工作都细致入微。

2.地球物理勘查模式

随着我国科技发展进程的不断加快，越来越多的新兴技术被运用到公路设计的地质勘查工作中，地球物理勘查模式就是其中一种十分重要的新兴技术。当公路施工现场及周边地区的地形条件比较复杂或者无法判断施工现场的土质条件是否适合修建公路时，地质勘查团队通常会运用这一技术，将地震纵波折射法、高密度电磁法等综合运用到地质勘查工作当中，根据不同材料对声波或地震波的传导速度等物理性质之间的差异，对施工现场中不方便进行直接探测的地质情况进行充分的了解，对地下的地质情况进行科学且高效的判断，为接下来的公路设计工作奠定坚实的基础。

3.借助原位测试对地质进行勘查

原位测试也是高新技术与公路地质勘查工作结合的重要表现形式之一，通过标准贯入实验、动力触探以及静力触探等方法，达到对施工现场及周边地区的地质情况进行详细了解的目的。除了可以对未知的地下空间进行勘测，原位测试还可以将探测结果以曲线的方式呈现出来，这有利于公路设计团队对不同区域的地质情况进行对比，根据最佳的岩土参数选出更适合修建公路的区域，在公路设计工作中真正落实适应性和针对性的根本原则。

三、公路设计中地质勘查工作的注意事项

1.做好地质勘查的准备工作

勘查人员在真正投入地质勘查工作之前，必须认真做好准备工作。地质勘查团队要根据公路施工团队提供的整体线路规划图对公路的走向以及可能经过的地形种类和水文条件进行大致了解，将每一种地形划分为一个独立的单元，并在每个单元安排专门的勘查人员负责现场的地质勘查工作，防止地质勘查过程中有效数据和信息之间的混淆，保证地质勘查过程中所获数据的准确性和有效性，为接下来的设计工作打好基础。

2.提高地质勘查工作人员的专业能力

地质勘查工作人员的专业能力直接关系到地质勘查工作的最终质量，因此公路设计团队要严把人才质量关，采用多种方式提高地质勘查团队的专业能力和素养。管理人员要从招聘环节入手，将应聘者的专业能力和实践操作能力作为考察的重点，而不能将学历作为唯一的依据。除此之外，管理人员还要对合格者进行专门的入职培训，并在工作过程中定期组织地质勘查团队到专门的人才培养基地进行培训，为勘查技术的更新提供保障。

3.精细化处理地质勘查工作的流程

工作流程以及职能划分不够明确是当前公路设计地质勘查工作中普遍存在的问题，为了解决这一问题，相关部门要将更多的精力投入到工作流程和职能的划分上来。相关部门可以通过表格的形式将所有的工作分成几个相互独立的部分，并在每个部分安排数量合适的工作人员，尽可能实现工作任务与勘查人员之间的一一对应，并针对每个流程选择合适的管理体制，保证地质勘查工作的科学、高效。

总之，公路设计中的地质勘查工作要以针对性为根本原则，对公路施工现场及周边的地形条件和土质条件进行深入分析，运用原位测试、地球物理勘查模式等对当地的地质情况进行勘查，保证施工的安全性，进而保证公路工程的质量。

第五节　公路设计的灵活性与创造性

随着人口数量的增长，城市规模不断扩大。作为城市交通的重要基础，公路的建设质量已经受到社会各界的重点关注。在可持续发展理念不断深化的今天，公路工程不仅应不断提高建设质量，还应从项目工程价值以及使用价值等多个角度出发，设计出更具灵活性与创造性的方案，保证公路工程的可持续发展。本节将结合当前公路设计的基本原则，对公路设计的灵活性与创造性进行详细的分析。

一、公路设计的基本原则

在公路设计方面，设计人员必须遵循基本的设计原则，这样才可以保证公路工程建设的顺利开展。公路设计的基本原则主要有以下几点：第一，保证公路的安全性。

安全性是公路设计的首要原则。第二，保证公路的畅通性。畅通性一方面是指公路积水排出的畅通性，及时排出公路积水有利于交通畅通，还有利于延长公路的使用寿命；另一方面是指公路设计要以线形为主，其主要目的是缩短行驶距离，为驾驶员提供良好的视觉空间，保证行车安全。第三，保证公路的稳定性。在公路设计中，设计人员应保证路基、路面等一切道路相关设施的稳定性。

二、公路设计的灵活性应用实践

1.路基边坡设计中的灵活性

在公路工程中，路基边坡设计是公路设计的重点内容之一。针对路基边坡进行合理的设计，主要是为了保证公路工程的外在景观效果。参考我国已有的公路设计方案，路基边坡坡率设计值与路基边坡形式的选择，不仅在很大程度上决定着边坡的稳定性，还会对公路周围的环境产生影响。因此，在公路设计阶段，针对路基边坡这一主要设计对象，设计人员应该充分发挥灵活性设计理念的优势，对边坡坡率与形式等进行合理的设计。这就需要设计人员结合公路工程所处环境的实际地理因素，合理调整公路路基边坡的坡率及设计形式。例如，在实际公路工程建设项目中，设计人员以圆弧过渡形式取代折角过渡形式，这不仅可以有效避免出现折角过渡形式所带来的人工痕迹，实现路基边坡的自然过渡，使公路与当地地形相适应，从整体上提高公路工程的景观效果，还有利于车辆驾驶员在行车途中保持良好的驾驶心态。

2.安全护栏设计中的灵活性

在公路工程中，安全性是公路设计的主要原则。在实际应用中，公路的安全护栏可以有效地保证车内人员的人身安全。我国相关管理部门对于安全护栏这一要素有具体的管理标准，即安全护栏必须位于中央分隔带位置，且要连续放置。目前，我国公路安全护栏可供选择的形式主要有路肩挡墙区路侧护栏、石方区护栏、构造物护栏三种。这三种护栏形式分别具有不同的优势与缺点，在实际应用中工作人员还需结合工程施工的具体环境，灵活调整护栏形式，在保证工程质量的同时提高公路建设项目的经济效益。例如，在工程中选用石方区护栏结构时，由于石方与路基基本上保持同步施工，因此在路基施工时施工人员可以为护栏结构预留混凝土槽孔结构，这样，在后期施工中，施工人员可以直接对护栏槽孔进行浇筑，避免二次操作，从而有效地节约施工时间以及建筑资源。

三、公路设计的创造性应用实践

1.挡土墙设计中的创造性

在公路设计阶段，设计人员应重视公路坡面水土流失问题，并提出应对方案，有效增强公路工程的坡面防护能力。在实际应用中，挡土墙可以有效地应对水土流失问题，提高公路工程的坡面防护能力。相关工作人员在设计挡土墙时，不仅要保证挡土墙的基础功能，还要结合不同施工路段的具体情况，发挥挡土墙的其他功能。例如，为提高公路工程的整体景观效果，设计人员可以创新挡土墙的设计形式，使挡土墙在具备基础功能的同时，还具备一定的装饰功能。花池墙、阶梯栅栏墙以及其他不同形式的新型挡土墙，都可以在发挥挡土墙防护功能的同时，增强公路的景观效果，不但可以保证公路的安全，而且有利于车辆驾驶员保持愉悦的心情和稳定的心态。另外，在挡土墙设计阶段，除创新挡土墙设计形式以外，设计人员还需平衡好挡土墙设计形式与设计造价之间的关系。设计人员在设计挡土墙时，不宜选择价格过高或者过于贵重的材料，而要以经济实用为原则，如果能就地取材，则更有利于挡土墙与当地自然环境融为一体，更能促进公路工程与自然生态环境的融合。

2.路基路面设计中的创造性

路基路面直接关系到公路工程的安全性、稳定性、实用性、耐久性，所以，设计人员在结合实际建设环境对路基路面进行创造性设计时，应该着重考虑路基路面的实用性。此时，设计人员必须以保证公路路基结构的强度为原则。例如，在传统设计理念中，通常用土石进行路基填充，但是单一的土石材料无法提高路基填充强度，此时，设计人员可以在其中适当地加入一些其他填充材料。设计人员需要结合路面建设的承载力要求、车辆行驶速度以及路面使用频率等，合理设定路基强度值，通过强度试验选择最合适的填充材料，以提高路基承载力。

综上所述，随着当前公路基础设施规模的不断扩张，在公路设计以及施工等环节，设计人员可能会受到地理位置、地形、气候条件等诸多因素的影响。为了保证公路工程的整体质量，促进公路工程的多元化发展，设计人员应该推动公路设计理念朝着创造性以及灵活性的方向发展，有效地规避施工等阶段可能产生的风险，保证公路工程的建设与城市的发展相协调。

第六节　公路设计阶段的造价控制研究

随着国家加大在交通基建领域的投入，公路建设作为交通基建的重要组成部分，对于稳固经济基础、提高地区竞争优势具有重要的战略意义。研究表明，设计阶段对公路工程造价控制的影响很大，仅次于投资决策阶段，由此可见，在设计阶段对工程造价控制不力，不仅会影响工程建设的进度，还会影响后期施工的成本控制、工程质量等。所以，在公路设计阶段，设计人员要采取具有合理性、科学性、前瞻性的举措，对项目的各项成本进行把控。

一、设计阶段的造价控制存在的问题

1.造价控制意识不强

公路项目建设周期长，在建设过程及后期使用中都会对环境产生很大的影响。现阶段，公路设计只注重使用功能设计，在造价控制上只注重建设成本控制，对于后期的成本考虑很少，缺乏全寿命周期的造价控制意识。公路项目在后期使用过程中会出现各种问题，如边坡设计不合理导致的水土流失，路面大修或中修对资源和环境造成的影响，桥梁隧道的维修对资源造成的浪费，公路时速设计不合理造成车辆在行驶中产生较多的油耗和污染物，等等，这些都会对整个公路工程项目的造价产生影响。

2.管理协调不统一

一方面，在设计单位内部存在技术管理与经济管理脱节的现象，许多项目并没有在技术、经济的双重把控下进行设计；另一方面，在设计单位与其他单位的合作中，如果不能达到设计标准，那么极可能造成设计作废或者施工窝工等问题。另外，在设计分包时，各设计单位如果采用的标准不同，就会产生额外的开支，影响造价。

3.监督管理不到位

目前，我国公路管理实行监理制度，但是在实际设计工作中，监理并没有发挥很好的监督作用。许多监理人员往往只在施工阶段对项目进行监督，而没有认清自己在设计阶段的职责，没有参与项目设计具体方案的讨论。在设计阶段缺乏有效的监督，会产生设计单位为了自身利益而虚报规模的现象，还会导致设计人员和管理人员在造价管理上放松警惕，提高工程造价。

4.设计人员认识不足

公路项目设计人员关注的重点主要是公路项目的设计方案、技术及设计速度。现阶段我国的设计人员虽然在技术方面已经处于领先地位，但是在设计思想方面还相对保守，只是按照设计任务书按部就班地完成工作，并没有主动地去思考如何降低工程造价。另外，在设计中，设计人员只关注选线、桥涵隧道的位置控制、填方挖方等，把控制造价的重点放在了施工阶段，而经常忽略在设计阶段对造价的控制。

二、造价控制的理论方法

1.造价控制的工作流程

在不同的设计阶段，相关人员都需要关注造价控制。在最初进行方案设计时，设计人员需要提出总体的项目设计成本预算，并对分项工程进行投资目标分解，确定分项的造价控制目标。在初步方案确定时，设计人员就需要进行技术经济分析，形成初步设计概算，并验算其是否符合初期的投资估算，当超出预算时，设计人员需要重新进行初步设计。在施工图设计阶段，设计人员同样需要进行技术经济分析，并验算概算是否超出投资估算。总之，设计人员要在不断调整的过程中，达到动态控制工程造价的目的。

2.价值工程分析

价值工程分析是以功能分析为基础，强调以最低的寿命周期成本实现必要的功能。价值工程分析的实施过程主要分为准备阶段、分析阶段、创新阶段和实施阶段，在公路设计中通过分析分项工程的不同功能，合理分配成本，从而为创造性方案的提出提供依据。在功能分析时，相关人员可以选用合理的评价方法：功能成本化评价方法有利于找出最低成本，功能指数法有利于成本分配更加合理，逐次收缩法有利于在动态过程中进行造价控制。

3.限额设计方法

所谓限额设计，就是按照已经被批准的设计任务书及投资估算控制初步设计，并用初步设计总概算控制施工图设计，同时各专业设计在保证达到使用功能的前提下，按分配的投资限额严格控制技术设计和施工图设计的不合理变更，保证总投资限额不被突破。

限额设计要求相关人员注重投资分解及工程量的控制。对投资进行分解时，相关人员要先将其分解到各个专业，然后再细分到各分部工程当中，通过层层限额设计，实现以总体控制为主、分布控制为辅的相互约束机制，最终达到对设计标准、工程数量和概预算指标等的控制。

三、造价控制的有效措施

1.应用节能新理念

一方面,在公路线形的设计上,设计人员要对交通量和车辆组成进行充分的调研,对车辆速度的计算要充分考虑平面、纵断面和横断面之间的关系,利用公路线形和车辆速度之间的协调关系来评价车辆行驶过程中的油耗和污染物排放,一开始就将节能环保融入设计,以减少后期公路附属设施在排污降尘方面的花费,从而达到控制公路建设造价的目的。

另一方面，在满足公路设计规范要求用地的前提下，设计人员要注重利用边坡和中间绿化带的设置来提高公路环保水平和视觉效果。例如,采用新型的边坡加固方式；通过锚固增加边坡的抗流水侵蚀能力；增加绿化带的植物品种，使绿化带在冬天也能够发挥滞尘功能；通过低株和高株的有机结合更好地发挥植被的环保能力；增加太阳能路灯的设置；利用新技术，设置太阳能光伏路面。这些公路设计方面措施的实施不但能提高公路的节能环保能力，而且有利于减少公路使用过程中的支出，有利于对公路全寿命周期的造价进行控制。

2.实施价值工程

价值工程就是在明确公路项目各部位功能的基础上,就具体的项目进行价值分析,提出不同的设计方案,并进行比选,确定最优的设计方案。例如，在实现路面的排水功能上，不同的设计人员提供不同的路面排水设计方案，由价值评价小组选出最优方案；在路面材料的选择上，比选可以降低新型材料的工程造价；等等。

3.执行限额设计

执行限额设计就是将公路项目投资细分到分部工程中，控制好每部分的造价，通过经验验算确定分部项目的系数，把系数控制在合理的变动范围内，以达到动态控制的目的。

为了弥补限额设计的不足，设计人员可以在设计中引入全寿命周期的考量，在初期设计时注重后期项目可能带来的变化，在新材料、新技术方面引入技术指标，变动可调系数的大小。这就需要技术人员加强和造价人员的沟通并提高自身的创造力。另外，充分考虑项目运营维护的资金投入，有利于限额设计方法发挥更大的造价控制作用。

4.加强监督管理工作

监理单位做好监督检查工作有利于设计阶段的造价控制。监理单位要及时跟进设计单元与造价单元的协调检查，以便在动态流程中进行监督管理。在政府和社会资本合作（public private partnership, PPP）模式中，社会投资方可以派相关人员参与设计监督工作，一方面可以及时了解设计进度、造价水平，另一方面可以及时对公司的投资作出调整。

第七节 公路设计中的新技术和新方法

本节将从当前公路设计的实际情况出发，围绕公路设计中的新技术和新方法展开阐述，旨在从整体上提升我国的公路设计水平。

一、公路设计中的新技术

1.摄影测量定位技术

摄影测量定位技术依托技术设备的优势对公路的数据信息进行有效的收集，对公路附近的水文条件以及土壤信息进行实时监测，能有效减少外界因素的干扰，提升设计质量，保证后续施工的安全性。例如，在监测公路周围的环境因素时，摄影测量定位技术可以借助北斗卫星导航系统对其进行全方位的监测，并可以对公路数据信息进行准确的传输，应用效果较为明显。在对地籍信息进行采集时，摄影测量定位技术通常借助 GPS（全球定位系统）设备进行测量，精确度较高，主要包括地籍控制网加密测量、地籍控制测量以及地籍碎部测量等几种方式。其中，地籍控制网加密测量的精确度较高；地籍控制测量的测量范围较广，能够在规定的范围内进行准确的测量；地籍碎部测量则可以根据物体的属性对空间坐标进行描述。

2.网络化公路设计管理系统

网络化公路设计管理系统与计算机信息系统的有效连接，在一定程度上是对公路设计工作的创新，对公路设计技术与计算机技术的有效结合，对公路设计管理模式的优化。网络化公路设计管理系统打破了等级化制度结构的局限性，可以对技术进行集中管理，减少人力资源的消耗，有效地避免人为操作误差的产生，保证设计工作的顺利进行。例如，在秦岭南山公路隧道的设计中，设计人员就借助现代化信息技术的优势实现了对公路设计管理系统的优化，将公路设计过程中的各个要素准确地输入了计算机信息系统，并对信息参数进行了科学的计算，在整个过程中都是严格按照系统给出的参数进行操作的。

3.遥感技术

遥感技术在公路设计中的应用较广。在设计前期，相关人员需要对施工现场的路段进行全方位的勘查。设计人员可以借助遥感技术对现场的施工环境进行分析，收集数据信息，借助 3D 空间建模技术还原施工现场，对数据进行综合管理，从而提升公路设计的准确性。使用遥感技术进行勘测时，可以将现场情况绘制成图像，并实时传输到地面终端系统中，设计人员可以据此明确公路设计的重难点。例如，在天津城市互通立交桥的设计中，针对复杂的交通以及地形的实际情况，设计人员借助遥感技术，实时对道路的性质、布局以及地形特征进行全方位的分析，充分结合城市外环线以及周边主干道的通行能力开展设计工作。

4.公路设计软件

公路设计软件的应用是把施工图纸的实际情况与计算机信息处理系统进行连接，借助计算机辅助设计（computer-aided design，CAD）软件系统，将需要施工的公路段的数据信息准确地输入 CAD 软件。在公路线路设计的环节中，设计人员可以在 CAD 软件中科学地掌握公路的走向，尽量减少对生态环境的破坏。借助 CAD 软件，设计人员可以根据施工图纸的实际情况对设计方案进行调整，纠正其设计中存在的问题，从而提升公路设计的质量。CAD 技术在工程设计中的应用价值较高，有助于提升公路设计效率，减少人为操作的误差。

二、公路设计中的新方法

1.曲线法定线设计法

曲线法定线设计法较为新颖，实践价值较高，具有一定的规律。在应用曲线法定线设计法的前期，设计人员要对公路控制因素进行优化，确定圆曲线的位置，切实掌握好圆弧与圆弧之间的位置关系，保证连接线与过渡线之间连接方式的合理性。在确定圆弧位置的环节中，设计人员要利用数学原理对其具体位置进行计算，找出公路线路设计的控制点，从而为后续设计工作的顺利进行奠定基础。曲线法定线中的圆弧通常选用直线，可以提升控制标准的准确性。设计人员可以借助曲线法定线对将要施工的公路周边的地形进行分析，根据实际情况将导线与交点之间的距离控制在最佳区间内。

2.横断面设计法

横断面设计法主要是以点为基础，在实际的设计环节中，借助计算机辅助系统进行设计。横断面设计法主要以模板法为基础，与对点进行了有机结合，并吸收了公论设计理念的内容。横断面设计法应用简单，对设计人员的专业知识要求不高，设计人员可以根据公路路段的实际情况，利用横断面设计法进行有针对性的设计。横断面设计法打破了传统设计方式的局限性，可以减少对人力、物力、财力资源的消耗。例如，在建立横断面绝对坐标的环节中，横断面设计法可以对横向以及竖向增量进行科学的分析，并对其进行控制，这在一定程度上降低了设计难度。

3.路线平纵面线形以及路拱横坡设计法

路线平纵面线形设计可以保证公路的平稳性。在实际的路面设计环节中，设计人员需要严格按照线性技术规范标准进行操作，找准公路的中心线，并对公路的现状进行维护，这有助于延长公路的使用寿命。在纵断面设计的环节中，设计人员通过平面分析的方式创建纵断面设计的高程控制点，根据不同等级公路的实际情况适当地增设分离式立交结构，并对竖曲线半径以及纵坡、变坡点标高进行准确的定位。在沥青混凝土土面厚度的选择上，设计人员要坚持适度原则，尽量减少施工材料的消耗。在路拱横坡设计环节中,设计人员需要掌握好调平层,将调平层的数量控制在最佳范围内。

第八节　公路设计与仿真协同框架

随着生活水平的不断提升，人们越来越重视公路设计与仿真协同框架的建构。公路设计是采用某种适合的方式合理地设计公路，而仿真协同框架的建构需要相关人员重视两个方面，即仿真和协同。

一、公路设计与仿真协同框架概述

1.公路设计

在进行公路设计时，相关人员要考虑很多因素，其中安全因素是比较重要的一点。设计人员在设计公路的施工方向和路线时，要注意避开安全隐患多的区域。公路设计要充分保证人和车的安全，这是最重要的。经济因素是设计人员在公路设计中要考虑的另一个重要因素。无论什么工程，造价都是必须要考虑的，公路设计同样也要考虑造价。在两地距离一定的条件下，设计人员要尽可能地避开安全隐患多的区域，选择最佳的建设路线，避免迂回，减少不必要的工程建设，这样可以大大节省工程所用资金。当然，公路设计的目的是让人们的出行得到保障，所以设计人员还要考虑人们出行的种种问题。公路设计要具有仿真性的设计框架，要在多媒体信息技术的帮助下，尽可能地模拟人们出行的各种情况。只有这样，公路设计的目标才能达成，公路才能更好地为人们的出行服务。

2.仿真协同框架

仿真协同框架强调的主要有两点，即仿真和协同。仿真不言而喻，就是要通过各种高科技的多媒体技术模拟出人们使用公路时的场景。设计框架的仿真性对公路的设计和建设意义重大。协同就是将公路在设计过程中用到的传统施工技术和现在先进的多媒体技术协同调整，合理使用。

二、仿真协同框架在公路设计中具备的特点

1.可信赖性

仿真协同框架的最大特点就是可信赖性，即逼真性。多媒体信息技术在迅速发展，

公路设计所用到的设备也在进步，这为仿真协同框架具备可信赖性奠定了基础。正是依靠这些先进的多媒体设备和技术，设计人员才能在计算机上随时模拟公路上出现的种种问题。有了仿真协同框架，公路设计便有据可循，便可以规避安全隐患。仿真协同框架所具备的可信赖性是其他的框架和技术不具备的。

2.方便性

仿真协同框架具有方便性。设计人员在对公路进行设计时，可以利用仿真协同框架在计算机等多媒体设备上模拟公路的使用情况，例如，公路经过坡度较大的区域时，设计人员可以在仿真模拟设备中提前放置安全警告标志，测试人们的反应时间，并根据人们的反应时间，有效地变更警告标志的位置。这种方法也适用于急转弯区域、掉头区域、学校区域、人行道区域、公交站台区域等。通过这种方式，相关人员能够在施工过程中准确地放置安全警告标志。

三、在公路设计中构建仿真协同框架的要求

1.仿真协同框架的构建要在规定时间内完成

与其他工作一样，仿真协同框架的构建也要在规定时间内完成。一旦时间拖得过久，测量出来的数据就很有可能出现纰漏，这会对日后公路的设计和修建造成影响。相关人员在使用计算机等多媒体设备构建仿真协同框架时，一定要先设置时间。例如，相关人员在测试某段公路的使用情况时，一定要设置这段路程的模拟测试时间，并且一定要进行多次测试，每次设置的时间也要与第一次保持一致，这样得出的数据才有效，对公路的实际设计才有帮助。每次测试完毕后，相关人员一定要迅速、准确地将数据记录下来，防止与之后的数据搞混，影响整体测试效果。

2.仿真协同框架的构建结果要多样表现

所谓多样表现，就是具体的仿真模拟结果不能单一地表现出来，否则对整体实验是没有说服力的。仿真协同框架构建过程中的多样表现很重要。例如，人们要模拟一段车辆经过交通信号灯时的行驶情况，计算机等多媒体设备中一定要具体地表现出交通信号灯的颜色，还要描绘出车辆遇到红灯时仪表盘的变动，当然，这种变动一定要与车辆通过绿灯时仪表盘的变动有所区别。再如，人们要利用多媒体设备模拟车辆与对面车辆会车时的情况，一定要模拟出车辆的鸣笛声以及近光灯的开关情况。总的来说，仿真协同框架的构建结果要依靠声音、图片、动画等不同形式呈现出来。

第三章 公路设计的实践应用研究

第一节 高海拔地区的公路设计

我国地域广阔，存在着很多高海拔区域，这些区域的气候较为恶劣，整体环境复杂，在这些区域进行公路建设会受到很多因素的影响。为了提升高海拔地区公路建设的质量，设计人员需要转变思路，形成全新的设计理念，并将其有效应用在公路设计中。

一、高海拔地区的环境特征

1.自然环境特征

（1）与低海拔地区相比，高海拔地区地势较高，日照时间较长，空气相对稀薄，一般情况下日出较早而日落较晚，大气透明度较高，太阳辐射强。

（2）海拔 4 000 m 以上的地方,年平均气压为 54.0～61.7 kPa,是平原地区的60%～70%；平均气温低，温差大，日平均气温在 0 ℃以下的时间达 235～330 分钟，最低气温可达−45 ℃，昼夜温差可达 15～30 ℃；风沙大；在每年的 2～4 月份，午后及傍晚经常会出现大风天气。

（3）高海拔地区降水量较少,具有非常明显的干湿季,夏季常出现温湿降雨天气,冬季常出现寒冷大风天气。

2.社会经济环境特征

（1）人口少且分散，居民以少数民族为主。受自然条件等的影响，高海拔地区人口少且分散，如西藏地区的人口始终保持在 400 万以下。我国的少数民族（维吾尔族、藏族、回族等）人口大量集中在高海拔地区，少数民族人口占高海拔地区总人口的比例较大。

（2）经济发展相对落后。高海拔地区由于环境相对恶劣，耕地数量较少且交通不方便，劳动人口数量逐年减少，缺少必要的工业和商业，所以经济发展相对落后。

二、高海拔地区公路设计应遵循的原则

1.安全第一原则

从国内外公路设计的发展情况来看，公路设计中最根本的原则就是安全。安全始终是公路设计人员以及公路使用人员最为关注的因素，公路设计要以安全为第一原则。由《公路路面基层施工技术细则》（JTG/T F20-2015）、《公路桥梁技术状况评定标准》（JTG/T H21-2011）、《公路隧道施工技术细则》（JTG/T F60-2009）等公路建设的相关标准可知，公路设计人员在设计时要关注多方面的情况，如车辆行驶安全、驾驶员的视觉疲劳以及心理反应等。在设计公路路线时，公路设计人员需要在确保行车安全的基础上，最大限度地减少施工工程量以及施工成本。另外，公路设计人员在设计公路时需要充分考虑高海拔地区的气候环境、地形等，需要在确保公路安全以及质量的基础上加强公路的防冻抗寒设计。

2.尊重自然、保护环境

在高海拔地区的公路设计中，设计人员要想方设法地将公路建设对自然的影响降到最低，要尽可能做到"最低程度破坏、最大程度恢复"，要在设计过程中贯彻"不破坏就是最大的保护"的指导思想。相关部门要对公路的路线以及工程方案进行多方对比，防止公路建设对环境造成大面积破坏，从根本上确保公路的运营安全，要对因建设公路而遭到破坏的自然景观以及生态系统进行全方位的恢复，最大限度地降低公路建设的不良影响，最大限度地修复受损生态系统，确保经济效益、社会效益、生态效益的共赢。

3.以功能为导向，树立功能主导意识

公路设计的最终目的是满足人们出行的需要。从现代设计理念来看，"功能决定形式"是最基础的设计理念，任何形式的设计都要以满足人的需要为根本目的，这反映了现代设计理念对功能的重视程度。现阶段，我国在确定公路等级、公路形式时更加注重的是交通量需求、路网规划等，一般在明确交通量等指标的基础上进行公路等级的确定，之后再结合地形以及交通组成情况确定速度和路基宽度，以确保公路的功能

性需求得到满足。

4.站在公路工程总体建设的角度，提高资源利用率

随着社会的发展，交通运输已经逐渐成为发展经济的重要基础，但是交通运输行业存在着非常大的资源消耗问题。所以，在公路设计过程中，设计人员要积极落实"资源节约型、环境友好型"公路建设理念，加强细节方面的设计，在确保公路安全、功能齐全、质量有保障的基础上最大限度地降低工程造价，提升资源利用率，确保公路交通的可持续发展。

三、高海拔地区公路设计应注意的事项

1.减少对生态环境的影响

高海拔地区气候条件较为恶劣，生态环境较为脆弱，公路设计人员在具体设计中一定要秉持"保护为主、恢复为辅"的基本原则，最大限度地降低公路建设对生态环境的影响。高海拔地区地质复杂，地形变化大，公路设计人员稍不注意，就可能造成大开挖或路基掉空，给路基防护带来很大的困难，甚至留下工程隐患。设计人员要因地制宜，避免高填深挖，在满足规范要求的前提下，降低线形指标要求；适当增设路基挡墙，收缩坡脚，降低开挖或回填高度；应预留清表土方以供后期绿化恢复使用；精心选择弃土场，并做好弃土场防护，避免不当弃土造成新的危害。

2.确保安全性

在高海拔地区，路堑边坡坡脚应力松弛易发生坍塌，路堤边坡遇水软化易发生溜塌，而设置挡墙、采取上支下挡的支护措施是高海拔地区边坡防护较为有效的手段。设计挡墙时，设计人员要注意以下事项：挡墙基底应埋置于冻胀线以下，低于沟底标高，且必须置于稳定的地基上，基底承载力不能满足要求时，应加深加高挡墙，必要时可加大挡墙基底或增设钢管桩，避免因挡墙抗滑力不足导致的路基滑移；为减少放坡的不利影响，挡墙的背坡不宜缓于1：0.25，应尽量垂直；可以在挡墙下部沿纵向设置渗沟，排出坡体水，以利于边坡稳定；挡墙墙背需采用透水性材料及时回填，使其密实。此外，对受地形限制或不具备放坡条件的边坡，如回头弯处，设计人员可采用锚杆（索）框架支护，其支护的边坡坡度一般不陡于1：0.5；对于边坡整体处于稳定状态，但坡面较为破碎的情况，可采取"挡墙＋主（被）动网"的形式。

总的来说，在设计高海拔地区的公路时，公路设计人员一定要充分考虑各方面因

素的影响，如自然环境、人员情况、交通情况等，要以安全为最基本的原则，秉持以人为本、功能导向、资源节约的基本设计理念，提升高海拔地区公路设计的质量。

第二节　GIS 技术与公路设计

公路路线设计的质量关乎整条公路的通行效能，也影响着公路的安全稳定性与通畅性。我国对于地理信息系统（geographic information system，GIS）技术的深入研究，使其成为解决公路路线设计问题的主要支持技术。本节将重点介绍 GIS 技术在公路选线、平面设计、纵断面设计、横断面设计等方面的应用，以提高有关工作人员对 GIS 技术的认识，帮助其提高设计质量。

一、GIS 技术的简要说明

随着我国对地理学研究的不断深入，GIS 技术在地理学以及其他相关领域中的作用越来越大，逐渐成为我国处理国家资源资料、环境数据的重要技术。GIS 技术的工作原理是利用计算机的硬件和软件，对相关的数据进行分析、处理，然后汇成完整的数据空间，以便有关人员借用并对其做后续处理。GIS 技术的应用有利于提升我国分析和管理地理信息的水平与能力。应用 GIS 技术离不开 GIS 操作人员、计算机硬件、计算机软件、数据等。GIS 操作人员可以说是 GIS 技术应用的核心，可操控计算机处理数据信息，并在做好数据分析工作后将其并入数据库进行统一管理（对数据进行统一管理有利于优化地理信息系统的总体性能）。

二、GIS 技术在公路设计中的应用

1.GIS 技术在公路选线方面的应用

公路选线是公路整体设计中的重要环节。GIS 技术在公路选线方面的应用主要是收集路线设计资料、对空间进行数据模拟分析。GIS 技术能够以勘测到的地形为基础，利用计算机程序对设计方案进行立体的、动态的呈现。公路设计人员要充分利用 GIS

技术对整片规划路段进行资源整合，规划出路程短、宜建设、多直线的优质线路。

2.GIS 技术在平面设计方面的应用

普遍来讲，公路的路线一般有较缓和的曲线、圆曲线和直线三种类型。因此，公路设计人员可以利用超高率、横向力与规划车速相结合的方法计算出平面设计工作所需的圆曲线半径。在条件较优的情况下，设计人员一般会选用较大的曲线来进行平面设计；如果条件实在不允许，就会选用半径较小的圆曲线进行平面设计。公路设计中，大规模的直线与半径较大的圆曲线会减少驾驶员的疲劳感，降低事故发生概率。在直线与圆曲线中加入较缓的曲线可以调整机动车的重心轨迹，使公路从直线过渡到曲线，也可以提高驾驶员的判断力与注意力，进而保证车辆的通行安全。当然，在实际设计工作中，设计人员会遇到地形或标志性建筑的阻碍，在这种情况下，他们必须作出适当调整，通过改变路线、绕过阻碍物等方式，减轻地形与建筑对公路的影响。上述工作都需要利用 GIS 技术。

3.GIS 技术在纵断面设计方面的应用

公路设计人员在公路的纵断面设计中需要考虑圆曲线的半径、公路坡与坡长等因素，需要算出竖曲线的外间距与切线长度。GIS 技术在纵断面设计中的应用，就是依靠公路平面曲线的各个坐标点位，利用人机交互的方式，将平面曲线与纵断面高程相交，进而开展拉坡测试，达到工程建设最理想的效果。

4.GIS 技术在横断面设计方面的应用

设计人员在进行横断面设计时，会对横向公路进行截面绘制，然后会结合驾驶员情况进行结构性断面设计，以保证公路边沟、边坡，路基的长度、高度、深度与公路的整体布局相适宜。就整体的公路设计来看，横断面设计较为复杂，耗时相对较长，需要工作人员进行反复的勘测、绘制，而利用 GIS 技术能极大地提高公路横断面设计的精准度与效率。工作人员将横断面的有关数据输入计算机，再利用 GIS 技术中的数据自动核算技术将平面及纵面设计汇入三维立体模型，即可通过各路段的模拟图与其他设计情况进行横断面的设计处理与计算分析。计算机会保留每一步的数据输入过程、计算过程与修改过程，以便工作人员之后对数据进行修改与处理。

5.GIS 技术在其他方面的应用

GIS 技术除了在公路设计方面有着非凡贡献，还在公路建设的其他方面有着不小的应用意义。比如，工作人员可利用 GIS 技术将里程的桩号迅速转换为通用的地理坐标，进而快速地确定公路的具体位置，这有利于提高工程施工人员与管理人员的工作效率；公路工程建设所需的施工量与土石方使用量对公路路线选择的影响较大，相关人员需要提前进行简单的计算，这方面的计算如果完全依靠人工，则不仅会耗费大量时间，所得结果还可能会与实际情况相差甚远，而利用 GIS 技术可以很好地解决这一问题。

第三节 BIM 技术与公路设计

建筑信息模型（building information model, BIM）技术是当前建筑领域应用相对广泛的技术手段。本节将对 BIM 技术的特点和优势展开分析，并在此基础上探讨 BIM 技术在公路设计中的应用。

一、BIM 技术的特点和优势

BIM 技术利用计算机平台进行建模，能够为项目的全寿命阶段提供服务。其总体思路是首先对建模对象进行识别，接着根据建模对象的特点进行信息采集和处理，最后通过计算机平台建立模型。利用 BIM 技术建立的模型是三维模型，能够为结构物信息的采集和处理提供极大的方便，还能够为各阶段的结构模型提供动态演示和分析。

相较于传统的二维图纸结构模式，BIM 技术具有显著的优势，其优势主要体现在以下几点：①模型参数化。BIM 模型的创建实质是参数，当设计模型中的某个参数需要变动时，BIM 技术支持参数的变化，并且提供联动调整和更新。因此，BIM 技术使得模型参数的修改更加便捷，一处参数的修改可以带动多项参数的智能更新。②结构可视化。利用 BIM 技术创建的三维模型能够完美地体现结构的整体特征和细节，极大地方便了建设、维护、管理等多个层面的工作，提升了各方的沟通效率。③效益最大化。BIM 技术能够对预选的施工方案进行比较分析，得出精确的施工成本，同时还能够根据工程需要合理安排工期。④质量最大化。BIM 技术可以在结构安全测试、施工质量控制等多方面发挥作用，保障工程的施工质量，提高施工效率。

二、BIM 技术在公路设计中的应用

1.BIM 模型参数化建模

三维模型设计是 BIM 技术应用的基础。公路的设计与建造涉及的构造物范围广泛，利用 BIM 技术建立参数模型可以为公路的设计、建造以及运营提供便捷的服务。工作人员可以利用 BIM 技术建立以下参数模型：首先是三维地质模型。BIM 技术能够根据二维地质图形生成三维模型图，并能修改测量数据。其次是公路平纵线形参数模型。线形参数主要包括平曲线、直线长、竖曲线、坡长等，可通过参数模型将线形参数联系起来。再次是横断面形式的参数模型。横断面形式的参数模型可以展示路基的宽高、路面厚度、边坡以及排水设施等，利用 BIM 技术，工作人员还可建立起各参数之间的联系。最后是关键物构造子模型。关键物构造是指桥梁、隧道等关键设施。子模型可以对整体模型中粗略表示的构造物进行详细的构造展示，如桥梁的内部构建、连接构造等，从而提升整体模型的使用效率，并便于对局部构造进行修改。

2.工程量统计及方案比选

在详细的公路工程三维模型下，相关人员能够对路基挖方、填方量、路面工程量、护栏数量、排水工程量等进行便捷的统计。这些工程量的统计关系着建筑材料的采购和使用，对整个公路的设计、建造具有关键作用。比选施工方案是建立在对工程量的统计之上的，优化工程量的统计可以使方案的比选变得更加简单。利用 BIM 模型统计工程量能够极大地缩减统计所需的时间，对公路建设有着重要意义。

3.信息化管理

BIM 技术有利于相关人员对公路设计进行信息化管理。例如，在施工过程中出现地形条件等因素与设计方案不符时，相关人员只需要在 BIM 模型中进行参数的修改即可。BIM 模型能够让设计方案的修改变得更加简单、准确，弥补了人工对设计图纸进行修改存在的不足，提升了效率。在运营过程中，相关人员还可以利用 BIM 技术进行设计改进以及交通模拟，为实际运营提供建议。

第四节　砌块路面与农村公路设计

砌块路面具有施工简单、维护方便、坚固耐磨、抗压耐久等特点，是农村公路、市政道路、公园小区道路建设中适用的路面建设类型之一。本节将从砌块路面的特点及适用范围入手，对砌块路面的基层和材料要求进行分析，并从块体预制、砌块路面施工等方面入手对砌块路面在农村公路设计中的应用进行分析，希望能进一步推动砌块路面在公路设计中的应用。

一、砌块路面的特点及适用范围

1.砌块路面的特点

按照自下而上的顺序，砌块路面由水泥混凝土预制块面层、砂垫层、基层和公路路基构成。在建设砌块路面时，建设人员主要利用"机械为主、人工为辅"的措施对基层上的砂垫层进行空隙填补、碾压等处理，进而形成密实度高、平面整齐的路面结构。大量实践研究表明，砌块路面具有较强的抗变形能力和耐滑性，适合用于道路急弯、陡坡路段，对提高车辆通行速率具有重要作用。

2.砌块路面的适用范围

砌块路面在农村公路建设中的应用较为广泛，其在实际施工中可作为水泥混凝土路面或沥青混凝土路面的基层。砌块路面最大适应交通量为每日 4 500 辆。在山区公路工程建设中，砌块路面适用于干旱缺水或急弯陡坡路段，可提高这些路段的通行能力，减少安全事故的发生。

二、砌块路面的基层和材料要求

砌块通常是矩形的，其规格、质量较容易控制，在低等级公路工程建设中较为适用。砌块路面对砂垫层、基层等的要求是不同的，在实际施工中，砂垫层的厚度一般为 3～5cm，可选用山砂、石屑等作为主要施工材料；基层的摊铺厚度为 15～30cm，且路面压实度至少为 95%。在确保旧路面压实度、强度不变的基础上，在路面上进行铺设，路拱横坡要大于 3%；砌块推荐块体尺寸为长 15cm，宽 12cm，高 12cm，混凝土标号为 C25；嵌缝砂的含泥量应小于 10%，粒径小于 5 mm，铺撒厚度为 2 cm 左右，要使用压路机边压边将嵌缝砂扫入缝隙，将缝隙填满，避免块体偏倒、移位。

三、砌块路面在农村公路设计中的应用

1.块体预制

块体预制的工艺流程如下：原材料强度和质量检测—称重—搅拌—装入模型—机械振捣处理—脱模—养护作业。

相关人员在块体预制之前，需对水泥、石料等的质量、强度、重量进行检测，在确保原材料各项检测参数符合块体预制要求后，根据科学的配合比将原材料称重放入搅拌机内；在搅拌过程中，坚持"边放材料边搅拌"的原则，搅拌均匀后将混合料卸出，并装入预制的模型内，在指定的作业面进行振捣处理；待预制块体达到成型标准后对其进行脱模，并将成品放置在特定场所进行覆盖养护。

2.砌块路面施工

安排工作人员对基层铺设情况进行验收，验收通过后方可进行砌块路面施工。砌块路面施工的具体操作如下：

（1）施工准备。相关人员要根据农村公路建设的实际情况，对块体和垫砂进行选择，并在工程现场规划好材料堆放点、砌块铺筑方向、机械设备放置处等。结合以往的工程施工经验，施工人员要对基层的强度、刚度、高程等进行检查，确认其是否符合施工标准，以保障公路工程的施工质量；在施工时，要从坡脚开始，按照自下而上的顺序对纵坡路段进行铺筑施工。

（2）边缘约束。在公路路面实际施工中，路缘石不仅可起到约束路面边缘的作用，还可保证砌块整体处于紧密的嵌挤状态。因此，在公路路面施工中根据工程特点设置合理的边缘约束，可有效保障公路路面的使用性能。

（3）砂垫层铺筑。在进行砂垫层摊铺施工前，相关人员需结合工程设计图纸，利用相关仪器来确定路面的中线、边线和基线。在砂垫层铺筑施工中，施工人员应将砂垫层的含水量控制在 5%以内。若在施工过程中，砂垫层的含水量因受不确定因素的影响而发生了变化，施工人员则需重新对其进行控制，以确保砂垫层的铺筑厚度符合

施工要求。在下雨天，施工人员需保证砂垫层铺筑施工的速度与面层铺筑施工的速度一致，避免雨水渗入对砂垫层的铺筑质量造成影响。

（4）砌块铺筑。在砌块铺筑施工中，施工人员应沿着所设定的基线进行施工，同时在这一过程中落实相应的保护措施，避免砌块横向位移；需确保砌块与砌块之间的接缝宽度在 3 mm 左右；需对较大的铺筑缝隙进行调整，避免缝隙过大让雨水"有机可乘"，影响路面铺筑质量。

（5）初步振压。在砂垫层施工过程中，施工人员应对砌块铺筑路面的平整度进行调整，确保路面不存在凹凸不平的情况后，方可采用振动板对路面进行初步压实。在压实过程中，施工人员需注意以下两点：按照行车方向进行压实作业；振动板施工速度需与操作人员的步行速度相同，以确保压实质量。

（6）接缝灌砂和最终压实。在施工中，施工人员通常采用灌砂法对砌块之间的接缝进行处理，具体操作如下：在路面撒一层砂料，用扫帚将砂料扫入砌块之间的接缝中。在振动压实施工中，施工人员应注意以下几点：压实顺序为先边缘、后中间；振动速度需保持均匀；按照砌块的长度、方向进行施工。接缝灌砂和压实施工的次数需根据作业的实际效果来确定，以往的工程施工经验表明，接缝灌砂和压实施工至少要进行 3~5 次，才能确保整个砌块路面处于相对良好的状态。

综上所述，由于农村公路后期的养护成本较少，所以，相关人员需尽量在施工阶段选择合适的路面施工方式，以减小公路在投入使用后路面产生质量问题的概率。砌块路面能够扩散路面荷载，即使在较大的变形下路面也不会被损坏，在农村低等级公路中的适用性、实用性较强。

第五节　基于人性化理念的高速公路设计及应用

随着经济社会的发展，我国面临的交通压力越来越大，高速公路的建设在不断发展，随之而来的是事故发生率的不断增长。据统计，我国每年有 10 万多人因为交通事故而丧命，其中不少是由公路设计的不合理造成的。高速公路上车辆的行驶速度比较快，一旦有交通事故发生，后果会非常严重。因此，设计人员需要在高速公路的设计中充分发挥人性化理念的作用，降低交通事故的发生率。

一、交通事故发生的主要原因

就交通事故本身而言，其发生的过程极为复杂，不是简简单单的某一个原因造成的，交通事故的发生不仅与汽车驾驶员的驾驶行为不当有关，还与汽车本身的性能、驾驶环境等有着十分重要的关系。相关统计表明，大约 80%～90% 的交通事故是由驾驶员的错误操作造成的，这也从侧面表明，至少有 10% 的交通事故是由车辆本身以及道路因素造成的。

二、人性化设计理念的内涵

人性化设计主要是指设计人员在具体的设计中坚持以人为本的思想，依据人的特定需要和心理行为来进行设计，以满足人的需求为最终目标，力争达到人与自然、精神以及物质之间的和谐共处。人性化设计理念对设计人员有以下几个方面的要求：①设计要能够充分体现对人的特殊关怀；②设计要表达出对于那些弱势群体的特别关注；③设计要具备一定的安全性能以及实用性能；④设计要突出与使用对象的情感交流，要体现出当地的地域特色；⑤设计要响应可持续发展的时代号召。

三、高速公路设计中的人性化设计理念

在高速公路设计中融入人性化设计理念，要求设计人员在设计中首先要考虑人的因素，做到以人为本。在具体的设计细节中，要充分体现"人性化"，不但要注重高速公路的使用舒适度、安全性以及和谐性，还要保证人们的出行方便。安全是设计人员对高速公路进行人性化设计的核心，在具体的细节设计上注重人性化，是顺利实现人性化设计的重要保证。对高速公路进行人性化设计的最终目标是最大限度地降低高速公路的事故发生率。设计人员要想在设计中最大限度地应用人性化设计理念，就必

须清楚地了解事故发生的主要原因、具体过程以及事故所造成的后果。

四、人性化设计理念在高速公路设计中的具体应用

1.震动带的设计应用

根据对交通事故的调查分析可知，疲劳驾驶是造成交通事故的一个重要原因。在高速公路上设置一定数量的震动带，可以对驾驶员起到提醒的作用，使驾驶员能够集中精力驾驶汽车。汽车在经过震动带时会发生颠簸抖动，这种颠簸抖动可以起到给驾驶员提神的作用。震动带依据功能的不同可以分为减速用的震动带和警示用的震动带。用于减速的震动带是垂直于道路延伸方向分布的，人们通常将其称为减速路面。这类震动带多设置在下坡路段或者连续的下坡路段，可以使车辆经过时发生颠簸，从而使驾驶员不得不进行减速操作。设置减速震动带的主要目的是警告和提醒驾驶员马上要驶入特殊路段了，需要进行一定的减速操作来保障行驶安全。警示震动带主要设置在行车道两侧及中分带两侧，沿道路纵向布设。当车辆偏离行车道时（如车轮越线）会产生震动，这种震动可以提醒驾驶员及时修正方向，恢复正常的行驶路线。

2.避险车道的设计应用

高速公路在建设中有时不得不经过丘陵以及山地这些特殊地形，这时，因为受到建设成本、地质、地貌的影响，高速公路上难免会有陡坡和大纵坡的出现。因受自身重量和速度的制约，车辆在经过这些危险地带时发生事故的概率会大大增加。此时，设置避险车道就显得十分必要。避险车道主要包括避险车道的引道、制动用的路床、相应的标志标线、服务用的道路、两端抗撞用的具体设施、路两侧的护栏以及施救用的具体设施七个部分，其主要作用是使那些失去控制的车辆从主干道的车流中有效地分流出来，从而避免对在主干道上行驶的其他车辆造成不必要的伤害和干扰。另外，避险车道可以保证失控的车辆能够平稳停车，从而最大限度地保护驾驶员和乘客的生命安全，减少车辆失控造成的损失。

3.路侧净区的设计应用

高速公路两侧净区的设计包括净区内用于排水的具体设施的设计、净区内两边边坡的坡度设计以及净区内交通工程设施的设计等。高速公路两侧净区的主要作用是使那些需要改变行驶路线的车辆驶离高速路面，同时为驶离高速路面的车辆提供安全驶回高速路面所需的空间。在具体的设计中，设计人员需要对路侧净区进行人性化设计，

如在填方的路基处可以设计一定的缓坡,土路肩可以设计成有一定角度的圆弧,等等,这些细小环节的人性化设计能有效地降低过往车辆因发生翻车而造成大的交通事故的概率。

4.降温池的设计应用

车辆是依靠车轮跟地面之间的摩擦来产生前进的动力的。车的轮胎在车辆行驶过程中不可避免地会发热,如果在长时间的驾驶中没有及时对轮胎实施降温措施,车辆很可能会因轮胎过热而出现制动失灵、轮毂发热以及轮胎自爆的现象,这会严重影响驾驶安全,甚至会导致事故的发生。这种情况在载重车上经常出现。为了有效杜绝这种情况的发生,很多高速公路通过设置服务区、停车休息区以及降温池等来使汽车轮胎的温度得到降低。由于目前我国对于如何设计降温池没有具体的规定,因此降温池的设计五花八门。设计人员要以人性化理念来进行降温池的设计,进而达到有效降低轮胎温度的目的。设计人员在设计降温池时要注意以下两点:第一,降温池的长度必须保证在 40 m 以上,高度不能低于 0.7 m;第二,降温池前后的过渡位置的长度应该设计为 20 m,宽度应该能够容纳一辆标准的载重车,具体的数值不能小于 4.5 m。

综上所述,人性化理念在高速公路的设计中有很广泛的应用,对高速公路进行人性化设计能够有效降低交通事故的发生率,保障驾驶员和乘客的生命安全。在对人性化理念的实际应用中,设计人员要合理利用设计的规范和标准,充分考虑每个方面的潜在危险,进而在设计中将其一一避免;同时也要认识到高速公路的人性化设计仍然面临的问题。在今后的设计中,设计人员依然需要不断钻研,为祖国高速公路的人性化设计作出贡献。

第四章 公路工程施工研究

第一节 公路工程施工的要求

近几年，我国公路运输能力逐渐增强。这促进了我国经济的快速发展，但公路工程建设消耗了大量资源与能源。由于公路工程建设的项目较大，大部分时候需要运用施工机械辅助施工。施工机械的频繁使用不仅消耗了较多的燃油，增加了燃油支出，还严重影响了生态环境。在公路施工过程中，如何减少资源与能源消耗，如何节能减排，已经成为公路工程领域关注的热点问题。

一、重视公路施工工艺，节约资源与能耗

公路工程建设应当重视公路设计工作，节约土地资源，结合节能减排理念和社会经济发展需求，优化公路设计方案。在新时期，为了避免产生不必要的高标准，应当着重加强对公路建设成本的控制，降低施工成本，优化建设方案和公路内部构造，增强公路的耐久性与可靠性；应当通过完善并落实设计审查制度，对公路项目的相关设计方案进行对比，优化设计理念，减少公路大填大挖的现象；应当降低公路建设在维修过程中对自然景观与生态环境的破坏，节约土地资源，通过建设生态公路与环保公路，加强环境美化工作，增加人们出行中的舒适感和愉悦感。

二、降低施工机械能耗，提高操作人员的业务能力

1.降低施工机械能耗

施工人员在公路施工过程中需要使用大量的机械工具，这些工具在使用过程中会消耗大量的能源，严重影响生态环境。要想在公路工程建设中融入节能减排理念，可

以对耗油量超标、机械状况较差、燃油燃烧率较低的机械工具进行修理或报废处理，使用较为先进的施工设备，在公路施工机械使用中做到节能减排。这要求相关人员在施工之前加强对机械设备的维修与管理，在日常工作中注重机械保养，做到勤检查、常修理，通过合理的管理、维修、保养，降低施工机械的耗能，提高机械的使用效率。

另外，在施工过程中，相关人员应当在不影响工程质量的前提下，降低施工车辆的自身重量，拆卸不必要的附加设备，采取适当的维修措施，降低或减少机械车辆使用中的阻力。机械车辆在遇到不平坦的路面时，行驶阻力会增大，产生的油耗也会增加，所以相关人员应当加强对公路施工便道的修整，保障施工现场的路面平整。机械车辆在运行过程中，车轮会受到轮胎气压的影响，合理地选择轮胎气压可以减少油耗。机械车辆要遵守规定的核载重量，这有助于提高运输效率，并降低油耗。使用适当的润滑油，能够减少发动机功率消耗，降低燃料消耗，因此相关人员应当根据机械车辆的类型选用相应规格的润滑油，进而提高机械设备的使用效率。

2.提高操作人员的业务能力

在公路施工之前，相关部门应当加强对机械操作人员的操作技能培训，使操作人员掌握机械设备的使用方法；在施工过程中，应当统一管理大型机械设备，充分重视使用频率较高的设备，可以将这些设备交至基层部门管理。另外，相关部门应该采取恰当的管理措施，保障机械设备能够随时投入使用，防止机械设备出现故障或存在安全隐患，从而提高机械设备的利用效率。

三、合理利用废旧材料，降低施工成本

在公路施工过程中，人们常采用石灰、石料与水泥等传统施工材料。这些施工材料成本较高，并且会对生态环境造成很大的破坏。为了解决这一问题，相关部门应当加强对废旧材料的开发利用，用废旧材料取代传统的筑路材料，促进公路施工的绿色化发展。

1.合理利用废石料

近几年，我国各地石材加工企业发展蓬勃，但是石材开采方式与加工工艺比较落后，在石材采用过程中产生了大量的废石料，这造成了资源的浪费，严重影响了生态环境。在公路施工过程中，相关部门可以融入节能减排理念，对石材加工产生的废石料进行合理利用，如在公路两侧的边坡设计以及排水沟设计中，可以采用浆砌块石，

也可以用块石格栅代替边坡的绿化混凝土格栅，还可以优先考虑使用石方路基产生的碎石以及石材加工产生的废石料，有效做到对资源的再次利用。

2.合理利用老路面结构层

这是指对原有的路面基层进行再冷却处理，然后进行一定厚度的破碎处理，并加入相应规格与数量的集料，根据配比进行拌和，并通过整形与碾压使其达到施工所要求的标准。将老路面基层冷却再生，能够充分利用原有的路面与路基材料，减少对碎石的使用数量，提高资源利用效率。在旧路改造时，对整个旧路结构层进行压实、消除脱空板处理，对破碎的路面重新铺筑，能够防止反射裂缝，缩短施工周期，并降低施工成本。

3.回收利用沥青路面材料

相关部门可以将旧沥青路面材料进行回收利用，通过翻挖、回收、破碎、筛分等，加入适量的新沥青与骨料进行拌和，使其成为具有良好使用性能的再生混合料。这样能够减少沥青混凝土的使用，有助于节省沥青与砂石材料，降低施工企业的资金投入，做到在有效处理废料的同时保护环境，提高企业的经济效益与社会效益。

第二节 公路工程施工建设的不足与改进措施

一、公路工程施工建设存在的不足

尽管公路工程施工建设具有重要的意义，也受到了施工单位和施工人员的重视，但不可否认的是，目前在施工过程中，部分施工人员责任心不强，没有严格落实质量管理与安全管理制度，这在一定程度上制约了工程效益的提升。公路工程施工建设中存在的问题如下：

1.材料质量不合格

施工单位不重视对施工材料质量的管理，忽视对材料供应商基本情况的调查，导致采购的材料质量不合格。此外，材料试验检测不到位，相关人员忽视抽检工作，没有按要求做好防潮、防水工作，从而制约了材料综合性能的提升。

2.质量管理被忽视

在正式施工前，施工单位没有按要求加强现场巡视和检查，对公路工程建设的其本情况不了解，未能根据工程施工的实际情况制定完善的质量管理制度；质量管理人员的具体职责不明确，相关人员对质量控制目标和要求不了解；等等。这些都是质量管理被忽视的表现。忽视质量管理，就无法有效保障每道工序的施工效果，最终会导致裂缝、沉陷等问题的发生。

3.安全管理不被重视

很多施工单位将工作重心放在如何拓展市场、提高工程效益等方面，对安全管理不重视。如果施工单位不结合公路工程建设的基本情况，制定完善的安全管理制度，不明确施工班组和施工人员的安全管理职责，施工人员对现场的巡视和检查不到位，对可能出现的安全隐患也没有及时排查，那么最终可能会导致安全事故的发生，给公路工程施工带来不必要的损失。

4.成本控制不到位

成本控制不到位的主要表现有以下几点：首先，施工预算不合理，相关部门没有对资金使用作出科学合理的安排。其次，施工单位忽视对成本的动态控制，不注重施工过程中的成本管理，对材料费、机械费和人工费等的控制不到位，未能将实际成本消耗与成本控制目标进行对比，对成本控制中存在的问题没有及时采取解决措施。再次，相关部门对设计变更的审核不到位，设计过程中出现了不必要的设计变更，增加了工程建设成本。最后，施工合同管理被忽视，施工单位未认真履行职责和义务，增加了不必要的资金支出，甚至给公路工程施工带来了不必要的损失。

5.工程质量检测和验收被忽视

部分施工单位在公路工程建设任务完成后，没有按要求进行质量检测和验收；或者在质量检测和验收中没有严格按照相关规定进行详细和全面的数据资料采集和分析，对工程中存在的质量缺陷没有及时处理，影响了公路工程建设的质量。

二、公路工程施工建设的改进措施

为了弥补公路工程施工建设的不足，提高工程的质量和效益，使其更好地满足车辆通行的需要，有必要采取以下措施：

1.加强材料质量管理

要提高公路工程的质量和效益，材料质量控制是关键。正式采购施工材料之前，相关部门应该对供应商的基本情况展开调查，从质量可靠、供货及时到位的供应商处采购施工材料，然后严格按要求对材料进行检测，详细掌握施工材料的各项指标，以保证材料的质量是合格的，不得将不合格的材料用于公路工程施工。对运往施工现场的粗细集料、外加剂、水泥、沥青、钢筋等材料，相关部门也要严格抽检，以保证其质量。另外，相关部门要重视防潮、防水工作，保证施工材料综合性能良好，为提高公路工程的质量奠定基础。

2.健全施工质量管理制度

施工单位应该提高对质量管理的重视程度，深入施工现场进行调查，详细掌握公路工程建设的基本情况，然后制定健全的质量管理制度，严格落实各项规定，使其有效规范工程施工。另外，施工单位要落实质量控制责任制度，明确施工班组和每位施工人员在质量控制方面的具体职责，让他们按要求开展公路工程施工，落实各项施工技术措施；要重视新技术和新工艺的应用，顺应时代发展的趋势；要注重预防裂缝、沉陷等质量问题，实现对工程质量的严格控制；要加强路基路面工程质量管理，防止边坡滑塌现象的发生，确保施工效果和工程质量，使公路工程更好地满足车辆通行的需要。

3.注重施工安全管理

施工单位要提高对施工安全管理的重视程度，将施工安全管理摆在突出位置。为此，施工单位可以从以下几方面着手：建立健全施工安全管理制度，实现安全管理的制度化与规范化；明确管理人员的具体职责，落实责任制，让管理人员认真遵循安全管理制度，避免发生安全事故；加强对施工现场的巡视和检查，及时排除可能存在的安全隐患，防止发生安全事故；一旦发生安全事故，要立即采取控制措施，避免给工程施工带来损失。

4.落实成本管理制度与措施

相关部门要根据公路工程建设的具体情况，制定科学合理的施工预算方案，对资金使用作出科学合理的安排，确保预算到位；要加强成本动态控制，一旦发现成本超支现象，就立即调整；要重视对人工费、材料费和机械费的控制，将成本实际控制情况与控制目标进行对比分析，发现问题后及时采取调整措施；要严格审核设计变更，防止出现不必要的变更；要加强施工合同管理，确保各方认真履行职责和义务，避免资金浪费，使公路工程施工取得更好的效益。

5.重视工程质量检测和验收

相关部门应该重视工程质量检测和验收，掌握工程施工的基本情况；应安排专门人员开展该项工作并学习相关规范和标准，严格落实取样和试验检测规范流程，把握质量检测要点，进而准确获取数据资料，按要求进行分析，客观、公正地对工程的质量进行评定；对公路工程施工中存在的质量缺陷，要求施工单位立即修复，直至达到施工规范要求为止。

第三节　公路工程施工技术

一、公路工程施工技术的要点

1.预应力混凝土结构施工技术

我国的预应力混凝土结构施工技术源于 20 世纪 50 年代的苏联。预应力筋主要采用经过冷处理的普通钢筋，生产设备比较简单，这符合我国当时的发展状况。那时，苏联的预应力混凝土结构施工技术主要针对零件的截面进行核算，很少涉及零件的结构，虽然我国对该技术进行了不断改进，但还是没有摆脱之前苏联的预应力混凝土结构施工技术的限制。改革开放之后，我国预应力混凝土结构施工技术发展迅速，不仅建立了多种预应力结构体系，还在材料研究方面取得了巨大成就，发明了高强高性能的混凝土技术，并在研究张法预应力的基础上，总结出了适合我国建筑施工的成套施工预应力技术。

2.路基施工技术

路基的材料和压实效果会直接影响路基的施工质量。现阶段，我国主要通过压实工艺和改进填土的技术来提高路基的施工质量，而在选择材料的过程中，我国主要把加州承载比作为路基强度指标，并在施工过程中引入了路床等先进的建筑工程概念，促进了我国地基夯实技术的发展。另外，现阶段我国主要采用大吨位压路机来进行路基压实，路基碾压效果得到不断优化，但是在潮湿地区的路基压实过程中，公路施工的难度较大，施工队伍必须根据路基状况调整路基施工技术，以避免高强度压实对路基的破坏。在软土路基施工中，我国主要采用土工合成材料技术、轻质路堤技术和灰土挤密桩技术等。现阶段，我国的路基施工技术在不断完善，坡面防护技术、冲刷防护技术和支挡防护技术等都有了较大的进步。

3.路面施工技术

随着公路施工技术的不断进步，我国水泥混凝土的稳定性、刚性和抗疲劳性不断提升，线形不断朝着美观和顺畅的方向发展。水泥混凝土路面不仅应用在城市的出口路段上，还应用在山区的公路上，以增强山区公路路面的适应性。路面施工技术要求路面材料的指标符合施工的规范，要求施工设备和施工工艺具有连续性。在施工过程中使用高精度提浆，能够有效提高路面的平整度。随着科学技术的发展，很多新材料和新技术都被运用到了路面施工中。施工单位应注重材料的质量，避免使用劣质路面建筑材料。为此，施工单位应对施工材料进行检测，选择符合施工要求和技术标准的材料。施工设备对路面施工也有着重要影响，施工设备应满足路面施工的要求，施工人员在路面施工过程中应采用高质量的摊铺机和轮胎压路机。在路面施工过程中，施工单位应严格落实施工规章制度，保证路面的施工质量。

4.新旧公路结合技术

在大批量运输的要求下，我国之前修建的公路的通行条件和承载力已经难以满足交通运输的要求，相关建筑单位要对其进行改建。公路改建的一般方法是将道路双侧或一侧加宽，并有针对性地对公路的某些部分进行处理。但是，原来公路的坡度和路基受自然条件和其他因素的影响，已经无法满足公路的填方要求，在这种情况下，相关部门要根据公路的实际状况采取相应的处理措施，以增强公路新建厚度和处理厚度的一致性。现有的公路路基处置方法主要有土工栅栏处治技术和挖土质台阶技术等。在新旧公路结合的过程中，路面处理十分烦琐，对施工技术的要求最高，新旧公路的指标应具备较强的一致性，以保证公路的承载力和通行条件。

5.公路与桥梁过渡路段施工技术

现阶段，我国在路桥过渡方面的施工技术还比较薄弱。路桥过渡施工多在桥头设置桥头搭板，如果桥头搭板被破坏就会增加施工难度，提高维修成本，并且会严重影响车辆的通行。意大利、德国等国家在路桥过渡路段中不设置桥头搭板，我国某些高级公路也不设置桥头搭板。在不设置桥头搭板的情况下，相关部门要严密计划后台填筑并严格按要求施工。在路桥过渡的施工中，施工单位需要处理好桥背的软弱地基，采用超载预压法、排水固结法、换土法等来控制桥头跳车。另外，施工单位需要根据路桥的实际情况采取施工技术，以改善施工基地的性能，提高施工基地的承载力，缩小桥台和路基之间的沉降差，减少路面沉降。如果没有处理好路桥过渡路段的排水问题，那么路基连接处会渗水，这会严重影响路面和路基的稳定性。因此，在路桥过渡路段的施工中，施工单位应根据路面施工材料、渗水量和降水量选择恰当的排水方式。

二、公路工程施工技术的特点

目前，我国主要采用水泥混凝土路面施工技术。这是因为水泥混凝土具有抗压性强、耐水性强、使用寿命长、维护费用低、稳定性强等优势。随着公路建设的发展，我国的水泥混凝土技术不断成熟，水泥混凝土在公路施工中的应用越来越普遍，在道路建设中发挥着越来越重要的作用。水泥混凝土的刚性较强，硬度较大，在平整度上远远高于沥青路面，但是其行走舒适度和行车舒适度则远远低于沥青路面。现阶段，滑模摊铺机技术被应用到了水泥混凝土路面建设中，有效地提高了路面的平整度。但是，滑模摊铺机技术属于一种新的施工技术，在使用过程中还存在着很多不完善的地方，需要技术研究人员不断改进。另外，由于滑模摊铺机技术还处于初步应用阶段，资金需求较大，所以大多数公路在施工过程中没有使用这种技术。

三、公路工程施工技术中存在的问题

首先，部分施工单位在施工时忽视了公路岔口位置的设置，在很多不应该设置公路岔口的地方设置了公路岔口。这种设置会严重影响交通的安全性，隐藏着巨大的交通安全风险。其次，很多公路的路面不平整，甚至发生了路基沉降现象；有些施工单位在修建路面的过程中采用了加大起伏坡度的方案，导致交通事故频发；有一些施工单位在公路工程施工的过程中为了获取私利而采用劣质施工材料，导致施工质量较差，公路投入使用没多长时间就出现了路面破损等现象。最后，我国不同地区的自然环境有较大差异，无法制定统一的施工规范，施工技术在不同地区也会面临不同的问题。例如，沙漠地区缺乏建筑材料（如黏土等）和水资源，需要从其他地区引入，面临着施工成本较高的问题；沙漠地区的地质十分特殊，需要较高的施工技术水平来增强公路的稳定性和坚固性。又如，黄土地区长期受流水的侵蚀和冲刷，形成了特殊的地理环境，湿陷、滑坡等自然现象严重影响了公路的建设，在这种情况下，施工单位必须采用有效的加固技术来增强路基的稳定性。

四、公路工程施工技术问题的解决措施

首先，公路工程施工应严格按照我国颁布的《公路工程施工技术标准》（JTG B01-2014）进行，尤其要严格按照施工标准来解决施工技术问题。其次，公路工程施工单位应合理选择施工材料，使施工材料能够适应当地的自然地理环境，并根据具体的施工状况进行技术创新，在保证施工质量的基础上尽可能降低道路施工成本。再次，对于已经建成而出现裂缝、沉降等现象的公路，相关部门应采取相应的技术措施对其进行修复和养护，保障其稳定性，避免交通安全事故的发生。最后，在桥梁和公路过渡路段的施工中，施工单位要采用后张法，并积极使用新材料、新设备和新技术提高公路施工水平，还应使用符合施工标准的灰剂量，采用台背回填压实技术来提高公路工程的强度，避免出现桥头跳车现象。

第四节　公路工程施工阶段审计的
难点与建议

公路工程审计是控制公路工程投资的一个关键环节，主要采取经济、技术、法律等手段，确保项目的总投资在计划投资范围内，力争使工程总造价降低。本节将对公路工程施工阶段审计的难点进行分析，并在此基础上给出合理的建议。

一、公路工程施工阶段审计的难点

1.工程量清单、工程量清单计价文件的审计难点

（1）招标人对施工招标文件的编制不够重视，导致招标文件部分条款约定不够清晰、明确，甚至某些条款与工程量清单计价规范存在矛盾，这会影响工程量清单、工程量清单计价文件的审核工作。此外，签订施工合同后，在工程实施过程中，相关条款不够清晰、明确，会使合同双方发生争执，增加控制建设项目投资的难度。

（2）招标所用图纸的设计深度不够，部分设计内容不明确或不准确，造成相关人员在审核工程量清单、工程量清单计价文件时无从判断，从而影响工程量清单、工程

量清单计价文件审核的准确性。

（3）工程量清单编制质量较差，项目特征描述与图纸不吻合或表述不清楚、不完整；工程量清单中部分子目与设计图纸脱节；清单工程数量与施工图纸数量差异较大；有些工程量清单编制说明存在大而空、不具体、缺乏针对性的现象；等等。这些情况较容易造成投标人的误解，从而增加工程量清单、工程量清单计价文件审核的难度。

（4）编制工程量清单计价文件时，由于编制时间紧迫，相关人员无法到施工现场进行调研，无法仔细分析施工组织方案。

（5）编制或审核人员对一些特殊材料或新型材料难以向市场询价，对一些特殊施工工艺不熟悉。

2. 计量支付方面的审计难点

（1）计量支付滞后。计量支付滞后在各建设项目中很常见，它会产生一系列负面影响：影响工程进度、质量；预付工程款、统供材料款不能按合同规定的时间足额扣回；产生大量工程借款；出现倒卖统供材料事件；拖欠工人工资。

计量支付滞后的原因主要有以下几点：

第一，承包人内部管理问题，即造价人员短缺、造价人员的专业水平不高或资料编制上报不及时等问题。

第二，设计深度不够，设计错漏较多，设计单位调整施工图纸的周期较长。

第三，设计变更申报批复周期过长，新增单价未及时申报批复。

第四，受计量支付规定的制约。

第五，资金紧张。

（2）计量支付违规。计量支付违规表现在以下两方面：

第一，合同文件中"计量规则"明确不单独计量的项目仍单独计量。出现这种状况的原因有两种：一种是角度不同、利益不同导致合同双方对计量规则的理解不同；另一种可能是甲、乙双方为了补偿承包人，而故意"误解"计量规则。

第二，合同文件与计量条款相互矛盾，计量规则规定不单独计量的项目又在工程量清单中列项。

3. 实际工程和地质因素引起的工程造价变化难以控制

第一，在土石方工程中实际土石比与设计土石比存在偏差，会引起工程造价的变化。虽然招标图纸上明确了土石比例，但由于高速公路地形复杂，地勘资料不能完全反映工程土石比的实际情况。在这种情况下，承包单位就可能会以各种理由提高土石比例，使得工程造价较难控制。

第二，基坑、边坡、桥梁桩基开挖过程中，地质因素的变化会引起造价变化。

4.隐蔽工程、索赔工程的真实性和准确性不易把控

在高速公路建设中，存在较多的隐蔽工程，如钢筋工程、软基换填处理、边坡锚杆锚索、桥涵台背回填等。这些隐蔽工程是否真实施工不易确定，相关人员仅根据竣工资料无法确定各类隐蔽工程的实际施工数量。一些产生索赔的项目无存留的痕迹，如水毁工程中的半成品工程和储备的钢筋水泥等物资，实际是否存在该类索赔事项以及索赔的数量都难以确定。诱发变更工程的责任鉴定及实际变更工程数量的确定一般在事后进行，在这个过程中，没有可供利用的第一手资料。

5.临时工程和临时设施对工程造价的影响

在路基工程施工期间，一般要先修建临时排水设施，以防止工程或附近农田、建筑物及其他设施受到冲刷，保持施工场地内的排水处于良好状态，保证施工工作面上或工作段内不积水，从而保证正常的挖方或填方作业。但是，部分承包人对临时排水设施的重视不够，临时排水设施修建不规范，不能满足及时排出地表水的要求。一旦降雨或地下水涌出时，不能及时排出的积水就会浸泡路基或渗入边坡。路基浸水会导致路基原状土软化,承载力达不到设计及技术规范的要求;边坡浸水会使内聚力降低，边坡失稳坍塌，进而引发变更或索赔事项。这种类型的变更索赔一般金额较大，且工程师在审计过程中较难追述事实的真相。

6.对审计结果存在争议

在过程审核和完工结算审核过程中，难免会出现全过程审计服务单位和接受审计单位对审核事项的定性及处理存在认识和理解不同的问题，即所谓的争议。出现争议的原因主要有两方面：一是接受审计单位未能充分理解相关法律法规，对某些事项的处理基于一种习惯性做法，或根据项目实际情况在特定条件下作出了违反合同约定的决策等；二是审计人员运用审计的技术和方法不当，对某些审计事实认识不清，未能根据项目实际情况实事求是地识别和分析，未能将原则性和灵活性有机结合起来。

二、对公路工程施工阶段审计的建议

1.对工程量清单、工程量清单计价文件的审计建议

（1）解决招标工程量清单编制问题。相关部门可以选派具有丰富的实践经验，熟悉技术规范、图形算量软件、CAD软件的专业技术人员组成审计小组，全面负责清单

工程量的审计工作。

（2）建立健全质量内控制度。相关部门可以设置质量监督部和专家技术督导组，负责质量控制和技术指导工作，抓住招标工程量清单编制中的重点，解决招标工程量清单编制较差的问题。

（3）针对招标工程量清单编制的重点、难点和常见的问题，相关部门可以采用以下解决方法：

①准确计算工程量。相关部门可以按照设计方案图纸，准确地计算出各项目的图纸工程量，以确定最终的项目工程量。

②现场踏勘。相关部门可以到工程项目的现场查看，充分了解施工组织情况，合理审计相应的定额子目。

2.对计量支付方面的审计建议

（1）加强对承包人管理的审计，要求承包人认真整理收集的资料，认真履行合同，把计量人员纳入履行合同的主要人员之列，及时、完整地上报计量资料。

（2）要求设计单位严格履行合同，提高设计质量，及时出具设计资料。

（3）督促建设单位各部门、监理单位、设计单位及时批复新增单价，认真履行计量规则，等等。

（4）根据实际情况适当调整计量支付办法。

（5）严格执行合同约定，坚决避免出现对计量条款故意"误解"的情况。

3.对隐蔽工程、索赔工程的审计建议

（1）查询承包人在施工过程中保留的证据，如隐蔽工程的竣工资料里面附的检查评定资料、完整的测量记录和施工过程中的影像资料等。

（2）对于存在较大索赔风险的部位，不仅要及时审查半成品和成品的影像资料，还应审查针对该部位采取预防措施的材料物资凭据和预防措施的实体影像资料。

（3）对于变更原因的真实性及合理性，审计人员应分析变更前工程的施工情况、原设计的完善程度、原设计的施工方案是否合理、实际施工是否按审批的施工方案执行等，通过多方查找线索，确保审查结果的客观公正。

4.对争议问题的审计建议

（1）相关部门可以选派经验丰富、综合素质较高的跟踪审计人员担任项目负责人和技术负责人，提升跟踪审计服务组各成员的政策理论水平，在坚持原则的基础上，灵活地完成任务。在个性方面，跟踪审计人员需要具有应付各种情况的能力，尤其是沟通、协调能力。在不同的审计业务中碰到不断变化的环境时，跟踪审计人员要及时进行自我调整，把审计服务活动的专业术语转换成通俗易懂的语言，促使接受审计服务的单位正确面对存在的问题。同时，在跟踪审计服务过程中，跟踪审计人员应坚持审慎原则，即注重实事求是，用证据说话，不随便发表尚不成熟的意见。

（2）相关人员在进行跟踪审计意见沟通前，应加强对相关内容的复核，并注意对相关事项进行反复讨论和论证，对争议问题的陈述要条理清晰，事实清楚，依据充分。

（3）在跟踪审计服务过程中，相关人员应加强与工程管理各参与方的沟通，充分了解事项的背景和管理过程，认真征求和听取各方的意见，形成真实、完整、合规的证据链。

第五节　公路工程施工现场控制

一、开工初期的准备

在施工项目开工前，相关单位应做好驻地项目的建设、人员及机械进场的准备，保证开工的顺利性、连贯性及经济性。针对开工前的准备，相关部门应从以下几方面着手：

第一，在项目进场前应根据项目的特点等制定详细完善的相关管理制度及上墙制度，根据制定的相关制度管理工程和施工人员。施工单位只有建立健全项目管理制度，才能确保施工的有序进行。

第二，监理组织机构人员、项目主要管理人员及技术施工人员等的进场，组织机械、设备有序进场，合理选用进场原材料。工程项目施工技术人员拿到图纸后，要认真地研究施工图纸及相关技术规范。

第三，进场技术人员应及时复核设计图纸上的工程量及投标清单上的工程量，根据施工合同段内的工程量进行施工，并编制工程项目的施工计划。

第四，根据施工工程的特点及施工内容，相关部门经过具有一定资质的母体试验检测单位授权后，再经质检部门审核通过后，建立临时检测试验室，以进行常规试验检测及质量控制。

第五，根据工期要求，制定详细的施工进度计划，并对现场的实际情况、机械设备能力、材料供应、自然条件等进行综合分析，编制专项施工方案。

二、施工过程管理

1.认真做好试验路段的建设工作

开工后，施工单位应在不长于 200 m 的试验路段上对道路施工中各结构层的施工工序（如路基、底基层、基层、路面）进行试验施工。通过试验路段的施工，施工单位可以更好地确定机械设备的组合和施工现场的测量数据（如松铺厚度、碾压变数及通过现场试验得出的试验参数），从而便于技术人员确定最佳施工方案。

2.施工机械组合配置

（1）根据进度计划制定详细的机械使用及日常保养维修计划。合理的计划不仅能有效地降低施工成本、确保施工质量、确保进度，还能保持机械组合的相对稳定及均衡有序。

（2）根据试验路段的施工记录合理地组织、调配机械设备，确保施工的有序进行。

3.施工应急措施预控

每一个项目都有许多客观因素（如自然因素等）的存在，在建项目的参建单位应未雨绸缪，根据项目的特点进行应急预控，以应对突发事件。

（1）在施工前，结合施工中的环境特点，编制适用于本工程的公路安全应急预案。

（2）成立安全领导小组，进行安全巡查及检查，及时消除安全隐患。

（3）专职安全人员对不同的施工部位不仅要巡查，更要进行安全技术交底。

（4）对安全施工应急预案进行演练，增强施工人员的安全防范和应急意识。

4.施工进度计划与工程管理

进度计划是控制工程进度的依据，当施工进度受到外在客观因素的影响而与原计划的进度有出入时，施工单位应根据实际情况对进度计划进行动态管理，及时调整、修改进度计划。

（1）找出进度滞后的原因，并制定新的进度计划，修改或调整施工方案。

（2）根据网络计划图，查找关键线路及时差、步距，以及分项滞后的原因，制定动态的管理方案。

5.核算施工的成本效益

（1）各工序完成后，项目部、合同部的造价人员要针对出现或可能出现的超支及时采取一定的措施。

（2）制定、完善相关制度，如材料的采购、发放、使用等制度，每一种相关制度的建立都关系着施工的成本。

6.保证施工现场的畅通

施工现场畅通与否直接决定着施工能否正常进行。为保证施工现场的畅通，施工单位应从以下几方面着手：

（1）进场前要根据实际情况做好道路的"三平一通"，确保施工场所内可以正常施工。

（2）施工合同段内的施工现场，要增设爆闪灯及安全标志标牌，配合交通执法等部门增配专人疏通交通，避免发生交通事故，减少堵车现象。

除上述内容外，施工单位还应注意检查施工段内交通安全设施的安全性、完整性及保障性；在施工完成后，应及时安排专人清理路面的废料，按路基路面施工技术规范等相关规范整修路肩、边坡，使公路线形顺适、整齐美观。

当一个工程项目顺利竣工后，项目技术负责人或项目负责人应对该项目施工中使用的新工艺、新技术进行推广，同时应对施工中的不足之处进行整改、分项，以此加强对施工现场的管理，为下一个项目建设提供重要依据。

第六节　公路工程的施工与公路养护

一、公路工程的施工

1.公路工程施工前的准备工作

现代公路工程在正式开始施工之前，通常需要做一定的准备工作，为后续活动打好基础。

公路工程施工前的准备工作应具有预见性，主要是分析、预测施工过程中可能出现的各种问题，并有针对性地制定相应的措施，以保障施工作业的有序实施。施工准备工作的内容主要包括两个方面，即物质准备和技术准备。物质准备是指保障施工所需的各项材料以及机械设备的完备。技术准备包括设计方案的确定、技术交底、施工放样等，其中施工放样的内容主要包括路基施工放样、恢复定线、排水工程、小桥涵等。路基施工放样是路基工程施工的基础性工作。现阶段，公路工程中路基施工的内容复杂、技术难度高，为了保障其施工质量，相关单位必须在施工前严格落实放样工作。路基施工放样的具体内容包括结合设计图纸对横断面的各个点位进行确定，对中心控制桩的填挖高度进行确定。恢复定线是测量工作的一部分，其具体内容是检测公路横断面、对中心线控制桩进行加密保护以及设置水准点等。在上述工作中，相关单位若发现工程设计和工程的现场情况不符，则要变更设计，以满足施工要求。

2.施工作业

公路工程施工阶段的工作主要包括以下三个部分：

（1）路基工程施工。公路路基工程施工主要包括路基排水防护、填挖作业等。在具体施工的过程中，施工人员要加强对坡道路段的关注，做好这一阶段的施工质量控制工作，同时要关注路基的维修问题。为了保障路基施工的有效性，路基强度以及整体稳定性的设计必须达到一定的要求。这一环节的施工作业需要关注的内容如下：对施工材料进行严格的筛选，通过材料试验保障填料性能指标达到规定要求，为施工活动提供坚实保障。通常情况下，路基填筑所使用的材料应具有良好的透水性；在填筑施工完成后，施工人员一般采用分层压实的方法使其平整度和排水性达到预期效果。

（2）路面工程施工。路面工程施工的内容相对复杂。现阶段，我国公路路面有沥青路面、沥青混凝土路面、沥青碎砂石路面以及水泥混凝土路面等。以沥青路面上面层的施工为例，施工人员一般采用混合料场拌、自卸车运输、摊铺机摊铺、压路机压实的全过程机械化施工，拌和温度控制在 140～165℃，摊铺温度控制在 120～140℃，初压温度控制在 110～130℃，终压温度控制在 80～100℃。

（3）旧路改建。在改革开放的几十年间，我国的公路建设事业一直没有停止。由于之前的技术体系不成熟，加之现阶段我国交通运输行业发展迅猛，因此大部分旧公路已经无法满足人们的要求。在这样的情况下，相关人员就需要对旧路进行一系列改建工作，以改善公路通行条件。在旧路改建中，新旧公路结合施工是技术难度最高的一项内容，施工人员必须要在扩宽原有公路的基础上，对地质条件、工程设计要求以及成本控制等多种因素进行综合考虑，才能使新旧公路在结构上形成良好的衔接。

二、公路的养护

1.公路养护的必要性分析

现代新建公路的规模较大，路程也较长，一旦遭到损坏，需要付出大量的维修费用，同时还会影响公路的顺畅运行。要解决这一问题，最好的方法是"防患于未然"，即在问题发生前就采取有效的预防措施。例如，在公路建成并投入运营后，采取就地热再生、碎石封层、稀浆封层等措施强化公路的使用性能，同时做好日常维护，及时清理路面上的碎石、杂物；若公路出现了裂纹和凹槽，则要及时组织养护人员进行维修，对于已经严重损坏的路面，可以采取补强、翻修等维护方法。

2.公路养护的具体方法

首先，在公路工程施工中将施工现场所覆盖的车道封闭。施工人员可以在施工区域旁摆放施工标志、标牌和安全警示灯，同时使用锥桶对施工区域进行包围。其次，变更行车道。在公路工程施工面积较大的情况下，为了避免新建路面受到破坏，最好在一段时间内对车道进行封闭，使通行车辆绕道行驶，为新建路面养护创造有利条件。最后，半幅通车、半幅施工。这种方法通常应用于车流量较小的路段，具体方法是在作业区域内连续摆放隔离墩，同时标注分道线，并对车速进行适当限制。

近年来，我国在公路建设方面投入了大量的资源，各省市的高速公路和从县到乡的公路不断开通。与此同时，随着我国社会经济的发展，我国的汽车数量以及车载装量都在持续增加，对公路质量的要求也在不断提高。在这样的情况下，只有做好公路工程的施工和公路养护工作，才能保障公路功能的充分发挥，为我国交通行业的发展助力。

三、提高公路工程施工和公路养护质量的有效措施

1.加强工程设计图纸审核

在公路工程施工前，工程施工单位、设计单位、监理单位等应该组织专业人员对设计图纸进行严格的审核。审核工作的目的是及时发现图纸中存在的问题并对其进行修正。相关人员要对工程设计图纸中的空间布局进行审查，以保证施工所用的机械设备能够顺利地进入施工现场，还要对工程中涉及的新技术、新工艺进行评审，以保证其符合设计要求。经过专业人员审核的设计图纸，能够进一步提升工程设计方案的科学性，为后续施工作业提供科学指导。

2.构建科学完善的公路工程施工质量控制体系

为了保障公路工程的施工质量，建立科学完善的施工质量控制体系十分必要。具体如下：首先，建立科学的责任机制，对所有施工项目的质量控制责任进行合理的分配，做到责任明确，这样就可以有效地避免相关人员相互推诿现象的发生，保证所有

管理人员都能够履行自身职责，可以为公路工程施工质量提供保障。其次，在公路工程施工前，落实人员组织、设备检查、材料检测等方面的准备工作。最后，组建专门的工程技术团队，深入施工现场进行实地勘查，并在此基础上对设计图纸进行优化。

3. 加强公路养护队伍建设

为了保障公路养护工作的有效实施，提高养护水平，相关部门应该建立一支高素质的养护队伍，改进养护机制，优化养护队伍管理。相关部门可以在基层公路管理机构中设置两个以上的施工养护队伍，同时做好各方面的基础设施建设，彻底改善现阶段我国公路施工养护人员综合素质和技能水平良莠不齐的情况。此外，相关部门要对公路施工养护程度、方法进行规定，打造规范化施工养护体系，保证公路养护相关工作都能够得到有效的落实。在专业化、规范化公路养护队伍的支持下，相关部门就可以对公路的使用情况进行全面、及时的了解，从而有针对性地对各类突发事件进行处理。除一些日常维护保养工作之外，公路养护队伍还应负责部分大修作业，提升公路养护的及时性，最大限度地保障公路的连续运营。

4. 制定严格的公路检测制度

公路养护队伍要定期对公路进行养护巡查，为了保障巡查的有效性，必须制定一套严格的公路检测制度。公路巡查具体分为三种形式，分别是专业检查、定期检查和经常性检查。专业检查要求养护人员对公路的各种问题进行细致的检查，同时对公路各方面的性能进行精确的评估，并有针对性地提出改进建议。定期检查是指在公路工程竣工后，相关部门要在一到三年之内至少对公路进行一次检查。经常性检查就是日常性的检查。

5. 全面落实危险公路改造措施

相关人员要在公路检查的基础上对公路的状况进行评定，并结合技术规范对存在严重功能性破坏的公路进行确定。对于危险性较高的公路，相关部门必须尽快实施改造措施，或加固或维修，使公路的稳固性、承载性等都恢复到正常水平。为了保障改造工程的质量，相关部门最好引入竞争机制，实行改造工程招投标，同时要把好监管关。

综上所述，公路建设对于社会经济的发展具有十分重要的意义。因此，在我国现代化建设中，必须做好公路工程施工和公路养护工作，全面提升公路工程的质量，为我国交通运输行业的持续发展奠定坚实的基础。

第七节　公路桥梁建设与绿色施工

公路网是连接各个经济体的纽带，而桥梁结构作为公路网中跨越河流、峡谷、公路等障碍物的控制点，在公路网建设中起着决定性作用。由于桥梁结构的特殊地位，公路网的建设需要在这方面投入大量人力和物力。由于施工技术复杂和作业面较大，桥梁施工往往会破坏自然环境和居住环境，造成极差的社会影响。为解决该问题，桥梁建设者应将绿色施工技术引入桥梁建设。在国家可持续发展和新时代环境保护政策的要求下，已有学者研究了绿色施工在建筑结构施工中的应用。本节将在此基础上，结合桥梁建设的特点，总结绿色施工在桥梁建设应用上需控制的因素，并给出提高桥梁工程绿色施工水平的措施，为桥梁工程绿色施工提供借鉴。

一、绿色施工的概念及绿色施工在桥梁施工中的作用

1.绿色施工的概念

在进行建筑物施工时，以环境保护为原则，尽量减少自然资源的投入量，根据实际建筑工程所处的环境和施工工艺的特点，制定合理的施工组织和因素控制方案，以达到保护环境和合理利用自然资源的目的，这就是绿色施工。在贯彻落实国家政策的同时，为满足自身发展的需要，现在很多施工单位将绿色施工视为设计和施工的核心目标，在施工组织设计时，优化运输途径、调整施工工艺以及合理处置废料，从而降低施工成本，保护环境。在进行施工材料选择时，相关单位要尽量做到废物利用，要采用环保材料，在保证施工质量的基础上确保桥梁建设顺利进行。在施工时，施工单位要严格管理施工人员，减少生活垃圾，保护水、土壤、空气等自然资源，做到施工环境与自然环境相融合，尽可能不破坏自然环境。

2.绿色施工在桥梁施工中的作用

绿色施工作为新时代的桥梁施工模式，是在保证桥梁工程施工进度与工程质量的前提下产生的。绿色施工对桥梁施工有以下几点作用：

（1）选用绿色材料，有助于实现工厂化标准预制件，保证桥梁施工质量。

（2）采用绿色施工工艺，有助于实现现代化施工模式，提高施工水平，加快工程进度。

（3）科学合理地组织绿色施工，能够避免废料和有害物质的产生，节约桥梁施工成本，最大限度地减少人力、物力投入。

（4）进行合理有效的绿色施工，能够限制人为因素对环境质量和施工质量的影响，调动工人的工作热情，减少桥梁工程施工的后续工作量，为桥梁工程建设节约资金。

二、桥梁工程绿色施工的控制因素

1.噪声控制

桥梁工程建设需要运用大量机械设备，这些设备在运行过程中将不可避免地产生较大的噪声。这些噪声不仅会影响桥梁施工人员与周边居民，还会影响动物间的信息传播，因此相关单位必须严格控制噪声污染，实现绿色施工。根据物理学声音传播规律，绿色施工将分别控制噪声的产生、噪声的传播和噪声的接收。桥梁工程施工现场的噪声基本源于大型起重机械等施工设备和电力产生装置，因此绿色施工可以从以下三个方面对噪声进行控制：

（1）将噪声产生的源头布置在远离人群的地方。

（2）在噪声产生的源头安装消声装置，减少噪声的输出。

（3）选用会降低噪声的新能源设备。

声音在传播过程中会降低能量。利用该原理，相关单位在绿色施工现场或居民区可以修建隔音墙，阻碍声音的正常传播。为减少噪声对施工人员与附近居民的影响，相关单位可以提供听力保护装置，避免噪声对人身健康造成影响。

2.光污染控制

桥梁施工有时需要连续作业，因此在光线暗或天黑时，就需要用强光源进行照明，以保证工程施工的顺利进行。强光源在使用时会对施工现场附近的居民产生影响，使其无法正常休息，危害人体健康。在施工中，工人会使用电焊进行焊接，其强光也会对人的视力产生影响。为了满足桥梁工程绿色施工的要求，相关单位必须对施工现场的光污染进行控制。控制桥梁施工中的光污染可以根据不同的人群采用不同的方法。对于附近的居民，相关单位可以在施工现场张贴公告，通知附近居民做好保护措施，同时在现场安装反光板，阻碍光线的传播。针对现场工人进行焊接时产生的强光，相关单位可以使用低亮度的焊条，或者让工人佩戴墨镜，防止强光伤害视力。

3.水资源污染控制

桥梁一般需要跨越河流，而中国是人口大国，水资源是非常稀少而珍贵的，因此在桥梁工程绿色施工的进程中，相关单位应高度重视对水资源的保护。

（1）施工过程中的用水。桥梁桩基和混凝土制备的过程均需要大量使用或循环使用水。相关单位应科学合理地循环利用水资源，尽可能少用或不用水，要对使用过的水及时进行处理，然后再排放。

（2）施工过程对水资源的破坏。桥梁施工在水面上进行，施工单位应避免施工垃圾（尤其是油脂类垃圾）坠入河中，垃圾如果坠入河中则应及时清除。

（3）在施工过程中，生活用水应与自然水资源相隔离，以免生活用水被污染。此外，施工单位需要设置隔油池处理生活废水。

4.建筑材料控制

为了实现对自然资源的合理利用,建设桥梁时,相关单位应该选用新型绿色材料,以减少对自然资源的开采。相关单位在施工中要尽可能做到废物利用，将生活中产生的垃圾，如轮胎等，尽可能地应用到新建桥梁中，这样可以减少对自然资源的开采，响应我国"节能减排"的号召。对于施工中产生的废弃材料，施工单位不应随意丢弃，能利用的应尽可能地再利用，不能再利用的应该集中处理，以实现资源利用最大化、环境污染最小化。

三、提高桥梁工程绿色施工技术水平的措施

1.增强环境保护意识

在桥梁施工过程中，相关单位应该注重对周围环境的保护。在桥梁土方运送中，相关人员应及时洒水，避免未硬化路面产生扬尘；如需大量运送土方，则应将路面做硬化处理。土方运输车辆应该用布遮盖，避免废料掉落，如果有废料掉落，那么工作人员应及时将掉落的废料清除。对于桥梁施工现场,施工单位应按国家要求进行围挡，避免群众进入而被误伤。施工现场生活区应与生产区相分离，以保证工人的正常休息和生活。此外，施工单位还要注意避免生活区的垃圾污染环境。

2.加强施工管理

做好绿色施工管理工作是完成绿色施工的基础，因此相关部门应该重视对绿色施工的管理。在桥梁工程绿色施工管理中，相关部门应该确定绿色施工总负责人，然后

由总负责人分派绿色施工任务，同时应该对施工人员和技术人员进行培训，让他们认识到绿色施工的重要性。在桥梁开始施工之前，相关单位应根据设计要求，严格、合理地制定施工方案与计划，并对方案和计划进行合理的优化，严格控制绿色施工进度和成本预算。

3.优化施工设计

根据设计图纸，对桥梁工程施工进行设计，在此基础上根据绿色施工要求优化施工设计，不仅能够节约桥梁施工成本，加快施工进度，还能够有效地改善自然环境，为快速实现桥梁工程绿色施工奠定基础。优化绿色施工设计可以做好以下几个方面的工作：

（1）施工技术的选择。以现代化施工工艺替代原有的落后施工技术，不但可以加快施工进度，保证桥梁结构的质量，而且能减少人力的投入和原材料的使用，节约施工成本。

（2）施工方法的选择。结合桥梁工程的结构特点，选用合理的施工方案，可以避免由施工方法不正确带来的施工风险，同时能够加快施工进度，避免资源浪费，满足绿色施工的要求。

（3）施工材料的选择。施工单位可以根据桥梁工程所处的自然环境，就地取材，避免材料浪费，避免异地调运施工材料，节约运输成本。

4.优化材料利用方案

相关单位应在确定施工方案后，做好相应的材料优化方案。做好材料优化，不仅能节约成本，还能减少对自然资源的使用。材料优化应避免无用材料的投入，减少临时材料的使用，应对可重复利用的材料尽量重复利用。在确定好材料优化方案后，相关单位应确定材料控制指标，以避免出现由人为因素导致的材料浪费。相关单位应将该指标落实到绿色施工负责人，让其监督施工技术人员的工作，同时应加强施工现场的巡查，明确机械负责人，以避免机械空转造成的浪费。在施工现场，施工人员应尽量选用耗能较低的机械和照明设备，以节约资源，践行绿色施工理念。

绿色施工在桥梁建设中至关重要，可以节约项目成本，提高施工质量，加快施工进度。桥梁工程绿色施工的优化方案可以为桥梁工程绿色施工提供指导，符合国家可持续发展和环境保护政策的要求。落实桥梁工程绿色施工的优化方案可以为国家节约水、矿产等自然资源，同时也可以保护自然环境。

第五章 公路工程管理研究

第一节 公路工程管理中的问题
及解决方案

近几年，我国公路工程建设由于管理不到位出现了诸多问题，公路工程建设质量无法得到保证，这严重影响了公路交通的正常运行，甚至给社会群体的生命财产安全造成了严重威胁。在这种情况下，为全面提升公路工程管理的成效，加强对公路工程质量的控制，探讨公路工程管理中的问题及其解决措施是非常必要的。

一、公路工程管理中的问题

1.技术人员管理问题

公路工程施工现场人员多且杂，各岗位人员素质良莠不齐，这会直接影响工程的施工质量。由于各岗位人员的素质存在一定差异，无论是在安全意识方面，还是在技术标准方面，大家对于问题的分析都有所不同，一旦他们在施工过程中产生分歧或发生矛盾，就会影响公路工程建设的进度和质量，甚至给公路工程埋下隐患。

很多施工方为降低人员工资方面的开销，会在施工前找一些临时工充当技术人员。这些人员未接受规范的岗前培训，并不具备公路施工人员的专业素质与综合能力，在参与公路建设的过程中操作规范性不足，极易对公路工程的施工质量造成负面影响，甚至会给公路工程项目造成不必要的损失。所以，相关部门要加强对技术人员的管理。

2.工程质量问题

公路工程的质量是整个工程的重中之重，极易受到多种因素的影响，如施工人员的素质、技术熟练度，施工材料的质量，等等。很多施工项目规划很好、标准很好，但是缺少技术过硬的熟练技术工人，员工素质低，这导致工程质量出现很大的问题。

工期管控不到位也是造成工程质量不高的一大原因。

大多数施工单位只重视施工带来的经济效益，忽视施工质量的要求，导致社会上出现了很多"豆腐渣"工程，桥梁倒塌、路面凹陷等现象时有发生。发生这些情况后，相关企业即使在事后补救，也不能改变自身形象受损的事实。

为提高公路工程的质量，技术人员在与施工人员进行工作交接时，要加强细节管理与控制，从细节抓起，与施工人员一起对注意事项进行研究讨论，发表各自的观点，最后形成一个合理的方案。

3.合约问题

公路工程建设工作量大，施工复杂，涉及范围广，因而合约管理难度较大。相关单位为满足自身经济利益私下添加条款，会造成一些不必要的资源浪费，导致施工现场秩序的紊乱，甚至会导致工期的延长。在这种情况下，相关部门应该要求领导人员充分发挥带头作用，以身作则。如果施工方不按照合约内容进行施工操作，导致施工工期延长，那么在资金周转困难、人员混乱的情况下，公路工程的质量极易下降。所以，相关部门还应建立一套完善的监督机制，使相关人员严格遵守规章制度，规定好他们的职责，最大限度地避免徇私舞弊现象的出现。

4.成本管理问题

任何工程在开始施工前都有着固定的成本资金。在工程开始施工前，相关单位会进行科学的规划，投入合理的前期成本。但是，有些施工单位的工作人员缺乏专业知识，并未对这些资金进行合理的运用，甚至会出现按照个人喜好随意支配资金的情况，这导致工程资金不足，工期延长。施工队伍领导人应以身作则，领导员工进行成本规划，避免徇私舞弊现象的发生。相关技术人员要加强对成本的控制，做到既不抬高成本也不压低成本。

二、解决方案

1.理论与实际相结合

设计人员要坚持理论与实际相结合的原则，根据理论做好前期规划工作，为后期设计的科学改动提供有利条件。理论与实际相结合，既能保证施工的顺利进行，又能提高工程的施工质量。

在开始施工前，相关部门要建立严格的监管制度，对设计进行全面分析，确保设计符合当前的技术发展水平。设计人员要与技术人员、施工队伍通力合作，坚持理论与实际相结合的原则，设计出合理的规划图；施工人员要在技术人员的指导下，科学合理地施工，对影响施工质量的因素进行分析，以提高公路工程的质量。

2.提高技术检测能力

公路工程是否可以顺利进行，技术检测起着很大的作用。检测分为自测、工程师检测和监管部门检测三部分。自测是最重要的也是最容易被忽视的一环，自测不力可能会导致施工质量不达标，从而造成事故的发生。所以，相关人员要在自测方面下功夫，做到多方位、多层次、有系统、有计划地自测。一旦在检查过程中发现问题，技术人员和施工人员要合理、科学地对问题进行处理，使工程的整体质量达到行业标准。

3.建立合理公开的招标平台

只有建立一个公平、公开、透明的招标平台，才能保证对施工材料的选择过程透明，才能杜绝徇私舞弊现象的发生。相关部门要提高技术人员的职业素质，要以工程质量为衡量标准，不为一己私利而贪污行贿；要以认真做事为原则，保证材料质量符合行业标准的要求；要建立公开的招标平台，以确保没有其他人员从中谋取利益。招标文件通过审批后，施工单位才可进行材料采购。

在公路工程建设中，一旦出现徇私舞弊现象，相关部门就要严加处理、严惩不贷。招标完成后，相关部门要让技术过硬、经验丰富的老技术人员采买材料、选拔施工人员。公平透明的招标平台可以使材料的选用变得透明，从而达到降低工程成本的目的。

4.建立科学合理的施工队伍

一支专业素质高的施工队伍会让整个工程顺利完成，事半功倍。相关单位在面试环节应加强对面试人员专业技能的考查；在岗前培训期间要高度重视对施工人员操作技能的训练。相关单位应对专业人员进行定期培训，向其传授施工技巧与方法，使其提高工作效率，减少工作误差。公路工程需要施工人员长时间工作，对施工人员体能的要求也很高，所以相关单位在选拔过程中要重视体能考核，挑选身体素质和业务素质都优秀的施工人员，对其进行重点培训。

优质的施工队伍要求施工人员具备良好的应变能力，能够结合时代的发展及时更新理念，不断强化自身技能，提高自身的专业技术水平。领导应该全方位提升员工的综合素质，强化员工的集体意识，充分调动员工的积极性，活跃施工队伍的气氛，关心员工的个人问题，多为员工考虑，提高员工的归属感，确保其能够以饱满的热情参与工作，能够自觉与同事团结协作，要避免队伍中出现钩心斗角等情况。

总之，在公路工程管理过程中，相关部门要建立一支科学、透明、信息化的专业施工队伍，完善相关的规章制度，要从质量、安全方面入手，把规章制度中的重点部分落到实处，并加强对相关人员的培训；施工单位要培养相关的技术人员，提高施工人员的素质，减少因施工、技术问题发生的公路事故，提高公路路面的质量。

第二节　公路工程管理的创新探析

公路工程管理工作的创新发展一般是指解决目前管理工作中存在的问题，提出解决问题的措施，以更好地推动公路工程管理工作的开展。公路工程管理工作的创新发展不仅能够提高公路工程的管理水平，还能提高公路工程的管理质量。

一、公路工程管理的现状

1.管理理念落后

当前，我国的公路工程全面发展，建设项目越来越多，而一些公路施工企业观念落后，往往只注重施工进度和经济效益，忽略了对工程的管理，相关人员的管理创新意识非常差，这使得整个公路工程管理的水平非常低。在公路工程建设中，管理所占的地位是无法被取代的。优秀的管理方式能够加快公路建设的进度，保证工程的质量，而以往的一些管理观念已经不能满足当前公路工程发展的需求，公路工程管理理念的创新势在必行。

2.缺乏专业的管理人才

公路工程管理是一项非常复杂且繁重的工作，因此公路工程的管理人员必须要具备丰富的管理经验、充足的技术知识和较强的操作能力等，还要在工作过程中不断地进行总结。当前，我国公路工程的管理人员以刚毕业的大学生为主，虽然他们的工作态度和工作热情都无可挑剔，但是他们在管理经验和处理紧急事故的能力方面还有所欠缺。另外，一些公路施工企业中的管理人员虽然有着非常丰富的经验，但是缺乏一定的创新意识和能力，无法及时更新自己的管理理念，给企业的管理和进步造成了阻碍，限制了企业经济效益的提高。

二、公路工程管理的创新

1.公路工程管理的理念创新

管理人员一定要高度重视公路工程管理理念的创新:在企业经营方向上,明确战略目标,不断更新思维、创新想法;在经费支持上,加大投入力度,及时改变传统思想,引进先进管理人才、技术人才。同时,做好人才的培养和人才资源的建设,从而在企业内部形成一个人人创新的良好风气,全面提升员工的创新意识。要树立长远目标,各级公路施工企业需要在企业战略上明确创新思路,把创新理念定位在企业长远发展的战略高度,采取切实可行的措施,推动企业各方面工作内容的创新;要看到市场的发展变化,积极顺应时代潮流,找准发展方向。

2.公路工程管理的组织创新

以往的公路工程管理组织机构实行的是项目制,项目经理部代表公司订立合同,合同实施完毕后,相关组织机构会马上解散。但是项目经理事实上并非企业法人,不能在出现纠纷时承担责任,因此在合同实施过程中容易出现责任不清的问题。项目经理可随时支配人力、物力和财力,公路企业却不能对项目经理进行一定的监督和制约。还有一些公路企业与下属单位签订了多份公路建设合同,整体组织管理相当混乱,无法形成合力,使管理工作无法取得良好的效果。这些公路企业只有合并或撤销不合乎市场规律的单位部门,改变现有组织框架,才能彻底解决问题。公路企业可以根据项目要求,成立独立的部门甚至分公司,对相关大项目进行独立的管理,使招标、投标、签订合同、公路建设等流程更加规范,这可以在进一步明晰责任的同时,强化权力监督与制约,使企业管理组织更加合理,公路工程管理更加有效。

3.公路工程管理的技术创新

技术创新不能是空谈,相关企业要通过实际行动满足技术创新的需要。企业在进行公路工程管理的技术创新时需要注意以下问题:一是技术创新依靠的是人才建设。企业要不断加强对复合型、技术型人才的培育,为技术人才提供良好的发展环境,确保技术人员能够在最短的时间内完成技术创新,从而提升企业的整体技术实力,使企业在同业中具备先进性、独特性。人才是企业的根本,更是技术创新的关键,企业要在组织结构上保证技术人才的比例,使自身充满活力与创造力。二是技术创新需要优化流程。公路建设的流程非常重要,有效的流程能够确保公路建设如期进行。流程控制是管理的一部分,创新技术需要优化流程,以满足公路建设质量与安全的需要。实现企业效益最大化。三是技术创新需要完善机制。技术创新不是单独存在的，而是需要在一定机制的带动下才能实现。也就是说，在进行技术创新的同时，公路企业还需要做好配套建设，使企业内部的机制符合技术创新的要求，为技术创新提供强大的支持和保障。四是技术创新需要完善管理。随着科学技术的发展，公路工程管理已经实现了网络化、数字化，只有充分运用现代网络技术，公路企业才能提高公路管理工作的质量与效率。公路工程建设的工作量大，每一项建设内容均会产生大量的图纸、合同、记录等。公路企业要对这些资料进行有效的管理，就需要借助计算机网络技术。公路企业要不断提高自身的现代化信息管理能力，通过技术构建，形成专业的管理系统，对技术文档进行有效管理，以便查阅、咨询等。

第三节 公路工程管理中的试验检测

公路工程检验在公路工程整体质量方面发挥着很大的作用。本节将对检验技术的应用进行研究，以期推动公路工程试验检测工作的开展。

一、在公路工程管理中应用检验技术的好处

1.提高原始物资的利用率

检验技术的应用可确保原始物资被更好地利用，最大限度地提高其利用率。检验技术可以科学地评定原始物资的质量，分析原始物资能否达到项目建设的要求。公路工程建设所需的全部物资都要完成检验作业，以使人们更好地利用这些物资。

2.确保公路工程建设的安全

目前，公路工程建设的安全受到了足够的重视，也得到了更好的保证。检验技术直接作用于公路工程建设的安全，若是检验作业不到位，那么公路工程建设的安全就得不到保证。

3.严格控制公路工程建设的质量

在进行公路工程管理时，检验技术的作用很大，它可以确保公路建设使用的物资符合标准，可以保证公路工程的质量。在检验技术里，效果最好的技术是检验物资是否满足建设的要求，检查项目建设的所有操作过程是否达到建设技术的标准。

二、试验检测在公路工程管理中的利用状况

1.缺乏科学性

目前，在公路工程管理中的试验检测缺乏相应的科学性。公路项目检验工作者在进行作业时，因为受制于自身的思维方式，选择的项目样品很多并不符合项目的要求，不能满足公路项目结构样本在典型性以及常规性方面的要求。如此一来，检验工作者所选择的样本就没有了真实有效的意义，也就无法对整个公路工程的质量起到保证作用。另外，有些相关操作者没有彻底了解项目的要求，没有制定合理的检验计划，导致检验结果没有太大的参考意义，甚至给公路工程的质量检验造成了负面影响。

2.质检工具本身性能不达标

检验工作者在检验作业中利用的工具的性能在整个公路工程质检过程中起决定作用。个别单位购置质检工具时，太过注重价格，忽略了工具的性能，造成采购的设备不符合项目要求，特别是在稳定性以及精确程度上不符合要求。部分项目实验室，尤其是非常规项目工地实验室，往往会因为整个项目的造价而降低对设备的要求。另外，在进行检验作业的过程中，缺乏成熟的规定对项目的质检进行监管，导致常规的养护和监管工具的作业不能达到相关标准。检验室常规的档案记载也不够完善，检验工作者无法科学合理地使用质检工具，最终导致公路工程的检验工作在质量方面得不到保障，达不到标准。

3.对外部条件的影响不够重视

公路工程检验作业的质量往往会受外部条件的影响，这些影响没有得到检验工作者足够的重视。温度、阳光、噪声和空气中水分的含量等要素都会对公路工程的质检造成一定的影响，会导致检验工作者的视觉出现问题，同时会导致检验工作者所选择的样本发生变化。值得注意的是，对于这些要素的影响，相关工作者还未给予足够的重视。在样品的保存方面，外部条件也会给公路工程的检验作业造成不同程度的影响。

三、对公路工程管理中试验检测工作的强化

1.在监管以及检验数据方面进行强化

检验工作者必须检验公路建设中所使用的物资，保证物资的质量以及搭配比重符

合相关的规定和标准。在项目操作现场的实验室里，检验工作者必须在建设开始前完成原始物质的质检作业，保证其质量符合相关标准。质检的方式主要是抽样调查，相关工作人员在完成该项作业后把检验数据交予监管实验室，实验室的工作者完成抽检作业，然后把检测数据上交中心实验室。

检验工作者必须做好常规的原始物质检验以及项目质检作业，在检验时贯彻有关规定，以确保公路建设的质量。公路建设完成后，检验工作者必须对施工场地的物资进行查收，其工作重点是对建设物资、成品和半成品进行质检。检验工作者必须完成检验报告的整理以及备案作业。检验结果是检验作业中的重要数据，检验工作者要在保证其精确程度的同时，完成对相应数据的处理，然后按照工程的具体情况对数据进行归类，为以后的查证打好基础。

2.严格培训检验工作者

检验工作者必须及时完成对检验数据的整合，这样可在第一时间了解公路工程的质量以及建设状况。检验工作者必须接受专门的技能教育，提高自身的综合素质。在实际工作中，有关高层人员必须完成对检验工作者的统一培训，使所有检验工作者可在第一时间了解先进的知识，提高自己的检验能力。此外，检验工作者必须了解质检工具的相关数据，保证自己在进行检验操作时能正确地利用工具，从而能更精确地完成检验工作。

3.形成成熟的公路检验系统

只有形成成熟的公路检验系统，才能确保公路工程检验工作的顺利进行。检验工作者必须知道公路项目的施工规模，必须按照检验系统的有关要求确保检验数据的精确程度，根据相关的规定以及标准完成作业，使公路工程的质量得到保证。

4.建立完善的检验制度

有了成熟的公路检验系统后，必须建立完善的检验制度，为检验工作者进行检验工作以及数据整合夯实理论基础。公路工程的检验工作必须责任到人，以确保检验技术被更好地利用，确保相关制度的贯彻实行。

相关部门必须做出细致的检验规定，检验工作者在实际工作中要严格依据规定进行作业。中心实验室必须对各个建设路段的混凝土浇筑完成检验作业，确保质量和构造的精确程度。该检验作业必须完成样本的选择、样本的检验和检验结果的处理等环节，必须在前一个环节完成后再进入下一个环节，以对整体项目的质量进行详细、精准的检验。

综上所述，公路工程管理中的试验检测对于公路建设具有重大意义，可确保公路建设的质量。在进行检验作业时，会产生大量的数据，检验工作者必须对其进行科学的整合，在此基础上选择科学的技术，引导公路建设更好地进行，从而避免公路建设在安全方面出现问题。

第四节 信息化环境下公路档案管理研究

公路档案完整地记录了公路建设过程中涉及的文字、图表以及重要的声像内容等，同时也记录了我国公路建设的进程，具有一定的历史意义。除此之外，公路档案也是对公路进行有效保养与维修的重要依据。随着我国现代化进程的不断加快，公路档案的管理工作也顺应了信息化时代的发展潮流，全面实现了信息化管理，这有利于相关部门对档案进行收集与保存。

一、公路档案管理的现状

随着我国经济建设水平与科学技术水平的不断发展，自动化与无纸化的管理方式逐渐被应用于日常的管理工作中，在此发展基础上，我国的档案管理工作也发生了相应的改变。公路档案管理的文件一般以机读文件的形式存在，工作人员需要为这些文件提供大量的电脑储存空间，对这些文件进行分类存放。工作人员可以根据文件管理信息的综合系统随时调取需要查阅的文件。然而，自动化和无纸化的管理方式在我国公路档案管理中的应用还不普遍，在实际的公路档案管理工作中，工作人员采用的管理方法比较落后，在管理档案的时候还是比较重视纸质档案，缺乏对档案进行信息化管理的意识。传统的纸质档案会随着时间的推移而泛黄、变烂，工作人员很难较好地对其进行保存，调取文件也不方便。除此之外，档案管理人员的职业素质不高，不规范管理的现象仍然存在。

二、实现公路档案信息化管理的重要性

公路档案的信息化管理是指建立公路档案的数据信息库。这在一定程度上能有

效实现公路档案信息资源共享，进一步提高工作人员的管理效率。公路档案对公路建设的发展具有提供信息服务的作用，可以有效地推动公路建设进程的发展；同时相关部门也可以通过对以往的建设档案进行分析，不断提高公路建设的发展水平。公路档案的信息化管理可以很好地实现推动公路建设事业发展的目标。对公路档案进行信息化管理，有利于工作人员对档案资料进行收集、储存以及使用。利用计算机可以增加公路档案的储存量，进一步拓宽档案工作的服务领域，实现提高公路建设发展水平的目标。因此，实现公路档案的信息化管理，从一定程度上来说，对提升公路建设的发展水平具有非常重要的作用。

三、信息化环境下公路档案管理的不足

信息化时代的到来对档案管理工作提出了更高的要求，同时也给档案管理工作带来了发展机遇。档案管理在一定程度上决定着公路建设的发展方向。在经济的推动下，公路工程建设遍布全国各地，公路信息的复杂性和结构的复杂性使原有的档案管理方式已经无法满足档案管理工作的需要。在信息化环境下，公路档案管理必须进行创新，实现信息化建设和管理，以提高公路档案管理工作的效率和质量。目前，信息化环境下的公路档案管理还存在不足，主要表现在以下几个方面：

1.管理工作缺乏规划性

我国的公路档案管理工作起步比较晚，工作人员缺乏相关经验，再加上缺乏完善的管理制度，在实际操作中难免会遇到很多困难。在信息化环境下，公路档案信息的利用率不高，由于缺乏管理，不同时期出现的不同类型的档案信息兼容性不高，无法有效实现信息的良好衔接，重要数据信息易流失。这些都是公路档案管理工作缺乏规划性的表现。

2.缺乏系统的数据库信息

信息化时代要求在公路档案管理中实现信息化管理，在对数据信息搜集和管理中实现对档案信息的高效利用。但是从当前的管理状况看，信息利用率不高，传递不及时，没有全面实现信息共享，传统的纸质档案资料向数字化资料的转化不充分，使得数据库信息资料匮乏；使用者对相关信息进行搜索时，很难找到自己需要的资料。这些问题之所以存在，一方面是因为硬件设施不完善，对数据信息的存储不及时，另一方面是因为档案资料的收集和整理效率比较低，相关工作人员将纸质档案资料转化为数字化资料的能力比较差。

3.缺乏专业的管理人员

当前，公路档案管理人员对先进的档案管理技术缺乏了解，没有意识到实现信息化管理的重要性，档案管理专业能力相对匮乏。另外，从事公路档案管理工作的人员流动性比较大，相关部门对档案管理工作不够重视，在选择档案管理人员时缺乏对其专业能力的考查，导致公路档案管理数据更新不及时，降低了工作效率，阻碍了档案管理信息化的进程。

四、提升公路档案信息化管理水平的有效措施

1.强化公路档案信息化管理意识

公路建设部门和相关的档案管理人员应该转变传统的管理理念，学习现代化的管理理念，采用新的手段对公路档案进行管理。为此，相关管理人员应该强化工作人员对公路档案进行信息化管理的意识。公路管理部门应该利用一切手段，宣传信息化档案管理的重要性以及必要性，通过举行相应的会议进一步强化档案管理人员的信息化管理意识，提高管理人员对信息化档案管理工作的重视程度。

2.提升公路档案信息库的建设水平

为了更好地提升公路档案信息化管理的水平，相关部门应该做好以下工作：第一，摒弃传统的纸质档案记录的管理方式，利用电子存档的方式保存公路建设档案。电子存档解决了纸张浪费以及查阅麻烦的问题，可以有效地提高档案管理人员的工作效率。第二，在利用电子存档管理方式的基础上，全面建设公路档案的信息库，满足人们对档案信息资源的需求，要及时对档案信息资源进行更新，进一步完善对公路档案的接收与整理工作。

3.完善公路档案的管理机制

在信息化档案管理的建设工作中，相关部门要注重对档案管理机制的建立与完善，工作人员应该严格遵守相关的规章制度，以进一步提升信息化管理的可靠性与便利性。公路档案的管理部门可以在遵循《归档文件整理规则》的基础上，对其内容进行进一

步的完善，做好提升公路档案管理机制水平的工作。除此之外，对于档案资料的接收工作、编目工作以及电子文档的录入工作等，相关部门都应该进行严格的规定，可以建立赏罚分明的工作制度，进一步强化公路档案管理机制的管理内容。

总而言之，我国公路建设对档案管理的要求越来越高，可以说全面实现公路档案的信息化管理已经成为当前公路建设工程的首要工作。相关部门应该及时加大公路档案信息化建设的工作力度，促使我国公路档案管理进入一个全新的管理阶段。

第五节　公路工程管理过程中存在的经济风险及其应对措施

基础设施建设的日趋完善为我国公路工程建设事业的发展注入了新的活力。先进施工技术在公路工程建设中的推广和应用不仅为人们的出行提供了便利，还极大地推动了国民经济的发展。我国当前的公路工程建设依然存在着诸多影响公路工程建设质量与安全的问题。加强对此类问题的研究，对我国公路工程建设事业的发展有着至关重要的作用。

一、公路工程管理过程中存在的经济风险

1.招投标阶段的经济风险

目前,我国公路工程项目在招投标阶段存在的经济风险主要集中在以下两个方面：

第一，施工图纸无法满足工程量清单提出的要求。为了确保公路工程建设的顺利进行，建设单位从公路工程进入设计阶段后就参与了投标工作，这是施工图纸无法满足工程量清单要求的关键原因之一。建设单位设计的图纸中涉及的内容较少，这会导致工程量清单与图纸之间差异过大。如果建设单位在签订工程施工合同时，未能在合同中增加相应的附加条款，那么必然会因为工程建设风险转嫁至施工企业而影响公路工程建设的顺利进行。

第二，工程量计量方式无法满足工程量清单的要求。建设单位在参与公路工程项目的招标时，由于无法明确计量规格，只能依靠自己的习惯和经验进行施工，所以出

现了计量规格无法满足工程量清单要求的现象。

2.施工阶段的经济风险

公路工程项目施工阶段出现的经济风险主要有以下几方面：

第一，施工方案的选择。公路工程施工环境是影响公路工程建设的重要因素之一，如果施工企业在公路工程施工前未深入施工现场进行实地勘查，未根据勘查数据制定科学合理的施工方案，那么可能会影响公路工程建设的顺利进行，为公路工程建设带来经济风险。

第二，施工工期。公路工程施工中出现的安全事故、施工工期延长等问题都会导致企业面临巨大的经济风险。

第三，劳务分包。施工人员自身的综合素质、安全意识的高低是决定公路工程建设能否高效、顺利完成的主要因素。很多施工企业的施工人员存在着安全意识薄弱、综合素质偏低等方面的问题，这不仅会增加公路工程建设中施工质量问题发生的概率，还会导致企业面临巨大的经济风险。

3.保修阶段的经济风险

保修阶段的经济风险在整个工程中影响重大。由施工单位拒修导致的使用中断会对人们的生活产生很大的影响，因此相关单位需要加以防范，制定相应的措施，保证和施工方沟通的顺畅性；如果施工单位拒修，那么可以采取控制工程款和保留金支付的手段牵制施工单位。

二、规避公路工程管理过程中经济风险的措施

1.充分发挥工程合同的作用

建设单位可以在施工企业中标后，及时与施工企业协商并签订公路工程的施工合同，并按照要求完成对施工企业报价的审核工作，为后续公路工程的建设做好准备。公路工程施工合同应该明确规定合同双方的权利和义务，以便及时发现和解决公路工程施工过程中出现的各种问题，避免不必要的经济损失。建设单位在与施工企业签订公路工程施工合同时，应该按照平等、互相尊重的原则，协商公路工程施工合同的内容，一旦合同内容确定后，任何一方都不得在未经对方同意的情况下，私自更改

合同的内容。另外，施工企业在公路工程建设过程中，必须充分重视对自身权益的维护，一旦出现建设单位侵害自己合法权益的事件，施工企业应该在第一时间按照施工合同的内容向对方提出索赔。

2.加强对公路工程施工质量的监控

（1）加强对公路工程施工的管理力度。公路工程各个施工环节之间都存在着密不可分的联系，任何一个环节出现问题，都会造成非常严重的影响。所以，施工企业必须建立完善的公路工程监督制度，同时安排专职监督管理人员监督管理公路工程施工质量，确保工程施工的规范性与科学性。

（2）加强对施工材料的控制力度。一方面，相关单位要详细了解公路工程施工材料的来源、质量，避免因为施工材料的问题而影响公路工程的建设。另一方面，相关单位要做好施工材料质量的控制工作，定期抽查进入施工现场的原材料，防止不符合质量要求的材料进入施工现场。

3.加强施工安全管理

在公路工程建设中，安全是施工的生命线，施工人员的安全得到了保证，公路工程的建设才能顺利进行。一般而言，不管是管理人员还是施工人员，都应当具备较强的安全意识，在具体的操作中，应当严格遵守施工规范。相关部门要制定有效的检查制度并落实，使公路工程的建设可以顺利进行，也使施工人员方面的经济风险得到最大限度的降低。

总而言之，公路工程建设在社会经济的长期可持续发展中发挥着不可替代的作用。所以，相关部门必须加大公路工程建设质量和经济管理工作的力度，深刻地认识到经济管理工作对公路工程建设事业发展的重要性，采取积极有效的措施规避公路工程建设中可能发生的经济风险，促进公路工程建设经济效益与社会效益的稳步提高。

第六节　公路工程管理中质量与进度的
合理管控

随着现代物流业规模的不断扩大,经济发展对交通运输业的依赖程度在不断提高。虽然铁路运输、航空运输承载了一部分交通运输压力,但公路运输仍是规模最大的、最常用的内陆交通运输方式。要稳定交通运输秩序、稳固国民经济发展态势、改善社会资源的再分配,公路交通基础设施的质量必须得到保证,这就要求相关部门做好公路工程质量与进度的管控工作。

一、公路工程质量与进度管控中存在的问题

1.工期与质量的矛盾

国民经济的发展对公路交通具有较强的依赖性,因此很多施工单位在面对效率和质量问题时过分重视效率而轻视质量,主要表现为未妥善处理工期和质量的矛盾。在公路工程建设中,工期的延长意味着更高的人力成本和更大的社会影响,为了控制施工成本,施工单位往往采取节约时间、缩短工期的方法进行施工进度管理,如计划二十天修筑完成的公路工程,可能仅用十五天,甚至更短的时间就修筑完成了。过分追求效率难免会使质量管理出现漏洞,进而导致公路工程质量问题的发生。

2.工艺与成本的矛盾

不同地区、不同荷载量、不同用途的公路工程在施工工艺上有所差别,主要表现为施工技术、施工材料上的差异。另外,不同施工工艺的施工成本也不同。很多施工单位为控制施工成本,在公路工程建设中采用不合理的工艺进行施工,甚至在施工时不严格遵循工艺规范。

施工工艺会直接对公路工程的质量产生影响,不合理的施工工艺会导致公路工程出现质量问题。轻微的质量问题不会造成严重的安全事故,但会降低公路的使用年限和荷载能力,不利于交通运输秩序的稳定;严重的质量问题可直接引起重大公路运输安全事故,如桥梁坍塌、路面塌陷等,严重威胁人们的人身安全和财产安全。

3.管理能力不足

管理人员的能力会对公路工程的进度和质量管控工作产生影响。管理人员能力不足会阻碍工程进度与质量管控制度的贯彻与落实。另外，在实际的工作中，很多管理人员缺乏管理精神，玩忽职守或未完全尽到管理责任。这种只重视个人眼前利益的行为，也是公路工程进度和质量管控不到位的重要原因。

二、公路工程管理中质量与进度的合理管控建议

1.优化组织结构

在公路工程建设中，应该对各个施工单位、管理部门、监督部门的职责进行明确的划分，优化工程质量与进度管控的组织结构，将质量管控工作量化、细化并分配到各个部门，同时采用内部监督、外部监督等多样化的监督方法，确保相关部门各司其职。各相关部门要认真履行职责，从整体上推动公路工程进度与质量管控目标的实现。

2.妥善处理工期和质量的矛盾

在公路工程的具体施工过程中，相关单位要妥善处理工期和质量的矛盾，做到工期和质量的兼顾。施工单位和管理部门要将工期管理和质量管理相结合，在保证质量的基础上妥善处理工期问题，以实际项目建设需求为基础，以工程建设标准为依据，通过优化工艺、完善管理的方式来缩短工期，而不是以降低质量管控的方式来缩短工期，要在实际的公路工程管理中，做到工期管理与质量管控的动态平衡。

3.做好工艺的选择

在公路工程建设过程中，施工单位要根据地面情况、工程实况、气候特点、地质特征等诸多因素进行工艺选择。为确保工艺选择的合理性，需采取科学的工艺管理模式，将施工规范与工艺选择相结合，必要时对公路整体工程进行分段处理，在对不同路段进行考察后，结合施工经验、工程建设一般理论对施工工艺进行甄选，再开始施工，通过工艺选择的优化来提高公路工程的质量。

4.完善验收环节

验收环节是公路工程进度与质量管控的最终阶段，也是最后的检查阶段。在验收过程中，管理人员不能仅仅依靠汇报和数据就对工程质量作出判断，而应进行实地考察，将工程建设的实际情况与规划方案进行一一比对，必要时可采取半封闭试运行的方法对公路工程的质量进行检验，确保公路工程在正式投入使用时无任何质量问题。

第七节　绿色理念指导下的高速公路
建设管理

目前，我国在经济基础设施建设方面已取得了举世瞩目的成就，但与此同时，环境污染以及生态恶化等问题日益严峻。为了在推动经济发展的同时保护生态环境，我国政府提出了"绿色经济"的发展理念，在该理念的指导下，各个传统行业都在积极进行产业转型。高速公路开发建设作为国内经济建设的重要代表，也应积极加入改革的浪潮。本节以当前国内高速公路建设管理工作中存在的问题为基础，对绿色理念指导下高速公路建设管理工作在优化改革方面的问题进行探究和分析，并从绿色理念的内涵出发，对这部分工作的优化改革提出具体建议。

一、我国高速公路建设管理工作中存在的问题

当前，针对高速公路建设管理工作的改革已取得了初步进展，虽然其中仍存在诸多问题，但成绩是值得肯定的。目前，高速公路建设的管理模式、市场主体以及法规体系已基本确立，各方面的改革正在稳步推进。基于此，我国需要着重推进绿色经济理念在实际建设管理工作中的应用，从解决问题出发，为相关工作的推进和落实创造良好的环境。具体来说，当前高速公路建设管理工作中存在的问题主要体现在以下几方面：

1.管理体系不完善

高速公路建设管理的法律法规和制度的制定与实施主要是为了解决实际管理工作中存在的问题，并促进各项工作的落实。但因缺乏系统的规划、引导，相关部门订立的适用于高速公路建设管理工作制度的细则有很多问题，且相关法律法规的层次、适用范围也需要进一步细化。这类问题的存在使各项规章制度、法律法规在实施过程中遇到了诸多困难，更给个别工作人员以及不法分子的违规操作带来了可乘之机。在实际工作中，公路建设管理体系的不完善还直接造成了执法力度薄弱的问题，加之执法队伍素质不高，在相关问题或争端的解决中，经常出现"有法不依""违法不究"的现象。上述问题若得不到及时解决，那么不仅会影响公路管理部门的社会形象，还会影响以绿色理念为指导的高速公路建设管理工作的优化改革。

2.建设市场不规范

国内的高速公路建设工程项目大都以政府投资为主，这造成了设计、施工以及监理单位无法适应行业发展的局面。通过对相关单位实际经营管理现状的分析可知，其与现代企业制度要求的管理模式仍有很大差距,具体问题主要表现在市场行为不规范、信誉度低等。虽然部分地区已经建立了公路工程项目设计、施工以及监理单位的准入原则，但是因为市场准入制度不够严格，所以还是让部分不具备高速公路工程施工建设资质的设计、施工和监理单位进入了建设行业。根据相关调查可知，近些年，国内各个地区的在建或拟建工程项目均不同程度地出现了"违背基建程序，擅自开工"等问题，由此形成的"三边工程""多头工程"严重影响了建设行业的发展秩序。另外，在工程招投标过程中，部分地区甚至出现了"行业保护"以及"地方保护"等错误的工作倾向。

针对上述问题，相关部门需要革新管理措施，加强监督管理力度；可以尝试从立项阶段开始成立"监督管理工作小组"，使其全权负责监管高速公路工程建设管理的相关事宜，在把控好相关风险因素的基础上保障各项细节管理工作的有序推进。

二、高速公路工程建设管理中的绿色理念

1.绿色理念的内涵

绿色理念的内涵主要体现在资源节约以及环境友好两个方面。前者强调的是在建设过程中减少能源与资源消耗,后者则主张实现人与自然的和谐共处。具体来说，相关部门首先要正确认识资源在工程开发建设中的作用，并通过一系列技术和管理措施提高资源的利用率，减少资源浪费问题的发生。例如，高速公路设计单位可尝试通过优化设计方案、应用绿色节能材料等方法实现资源节约。基于绿色理念进行的区域及生态环境建设改革的重点在于使公路工程建设管理与生态发展相互抑制，进而实现人与自然的和谐发展。例如，某高速公路项目原计划占用耕地 3 728 m^2，占用山地和林地共 5 231 m^2，而建设单位从材料、采购以及质量管理等方面着手，在提高管理效率的同时节省了一笔资金。在工程主体部位完工之后，建设单位将节省下的资金用到复植作业中，使公路开发建设占用的耕地减少了 12%，占用的山地、林地共减少了 23%。这种取之于"公路"用之于"公路"的管理模式既促进了工程建设管理工作的优化改革，又提高了工程项目开发建设的环境效益。

2.绿色理念指导高速公路建设管理改革的意义

以绿色理念为指导思想进行高速公路建设管理改革的意义主要体现在以下三个方面：第一，为实现构建社会主义和谐社会的目标注入了新动力。绿色理念在相关行业中的应用进一步解决了人类社会发展中的各种矛盾，如资源浪费、环境污染等。第二，在绿色理念指导下建设的高速公路工程项目的安全性更高，其经济效益以及社会效益都得到了进一步提升。第三，促进了高速公路建设行业的发展。绿色理念为高速公路建设管理工作的优化改革带来了诸多新技术、新理念，在降低成本的同时，提高了施工质量，使过去高速公路施工建设中频频发生的问题得到了有效解决。

三、绿色理念指导下高速公路建设管理改革的实现路径

1.更新设计理念，提高设计水平

不断更新设计理念，提高设计水平，是在绿色理念指导下实现高速公路建设管理改革的有效途径，这将进一步提升高速公路工程设计及施工建设的科学性，为后续规范化的建设管理工作打好基础。此外，相关人员不断提高自身的设计水平，可以帮助工程建设方控制建设环节的经济投入，减少不必要的成本支出，合理分配现有资源。为迎合当前国内经济建设、产业结构优化升级的大趋势，相关部门需要将先进、绿色、环保等设计理念落实到高速公路建设管理中，改变以往资源浪费的局面，真正实现高效管理。

2.推广绿色施工

具体来说，这一改革措施主要包括以下内容：

（1）减少具有污染性废弃物的产生。在施工中，相关单位应通过科学有效的技术措施减少具有污染性废弃物的产生。现场管理人员要合理安排施工工序，对施工材料做到"管理严格，取用有度"，以减少由于人为疏忽而产生的浪费。在此基础上，相关单位要对施工过程中必然会产生的具有污染性的废弃物进行集中处理，减少二次污染。

（2）做好废弃物的回收再利用。高速公路建设中产生的很多废弃物可以回收再利用，将这一环节的优化改革落实到位既可以减少环境污染，又能够进一步降低施工成本。以高速公路施工中产生的废旧边角料木材为例，将其粉碎后再与混凝土混合便可以得到纤维混凝土。该类型的混凝土具有良好的抗压和防水性能，若将纤维混凝土应

用到高架桥防水层的施工中，那么可在原有基础上提高施工质量。

（3）做好防护措施。在高速公路建设中，对于某些污染性较大的项目，施工单位需要做好防护措施，进而降低其对周围生态环境造成的影响。例如，在进行某些会产生较多粉尘的工序时，施工人员要定期洒水；如果某些工序施工作业产生的噪声较大，那么施工人员需要调整作业时间，并尽量使用噪声较小的施工设备；如果个别工序的施工作业会使相关工序出现水土流失问题，那么施工人员可尝试在特定区域内种植一些生长迅速的植物用以防护，工程完成后，还可把这类植物应用到相关区域的绿化中。

（4）循环利用施工材料。在实际高速公路建设管理中，循环利用施工材料并进一步推进绿色施工材料的应用，能够优化高速公路工程项目开发建设中相关资源的配置，同时也是践行绿色理念、推动建设管理工作改革的重要体现。

此外，从本质上来说，高速公路项目的开发建设是一个消耗能源的过程。随着公路建设面积的不断扩大，能源消耗也与日俱增。为了解决这一问题，工作人员要从实际情况出发，对建筑耗材做好合理规划，提高建设材料的利用率，最大限度地减少材料浪费。在此基础上，工程设计及开发建设人员还需要正确认识施工材料的重要性，并以施工方案为参考合理地选择绿色材料、绿色施工技术。地方政府部门在此过程中也应给予一定的扶持，为设计、建设以及监理单位各项工作的优化改革扫清障碍。

绿色设计理念的应用不仅能提高高速公路的使用性能，还可以在一定程度上保护自然环境，有效地缓解人与自然之间的矛盾。绿色设计理念的融入对今后开展高速公路建设管理工作提出了更高的要求，相关单位一方面需要加强对工作人员的管理培训，强化他们的责任意识，另一方面还要从实际情况出发，考虑当地的具体情况，结合绿色理念开展相应的施工活动。

第八节　绿色公路工程项目管理绩效评价

为追求经济利益的最大化，传统的公路工程项目管理往往只考虑经济收益和经济成本，而不考虑社会成本与环境成本，采用的粗放型管理模式对环境和社会造成了较为严重的影响。在这种情况下，实施绿色公路工程项目管理已成为社会发展的必然趋势。对管理人员而言，如何对绿色公路工程项目管理进行评价，如何构建绿色公路工程项目管理绩效评价指标体系，是十分重要的问题。

一、绿色公路工程项目管理的概念

绿色公路工程项目管理就是将绿色管理的理念应用到公路工程项目组织中。结合绿色管理的内涵及工程项目可持续发展的现实需求，对公路工程项目进行全方位的计划、控制与协调，以满足委托人的要求，使项目在达到质量标准、生态环境指标的基础上，于规定的时间和费用预算内完成，即绿色公路工程项目管理。

二、绿色公路工程项目管理的特点

绿色公路工程项目管理具有以下特点：

第一，项目主动适应环境。项目不是单独存在的，环境、社会和公路工程项目是一个有机的整体。

第二，追求多目标共赢。绿色公路工程项目不是只考虑环境而完全忽视工程项目的经济效益和社会效益，不是要求工程项目为了保护环境而牺牲经济利益，而是强调多层次的发展、多目标的共赢，这意味着不同目标之间需要相互妥协和支持。

第三，项目周期全程管理。一个项目，从概念设计到实施，再到交付，具有完整的过程，每一个阶段都有自身不同的特点和目标。这就要求相关人员在进行项目管理时不能一概而论，需根据实际情况的不同、工程特点的不同，有针对性地进行管理，使项目、环境和社会共同发展，相互促进。

三、绿色公路工程项目管理绩效评价指标体系

1.绿色公路工程项目管理绩效评价指标的选择原则

在进行指标选取时，相关部门应该遵循可比性原则、全面性原则及科学性原则。

（1）可比性原则。这是指在选择指标时，相关部门应该根据指标之间存在的性质和特质的可比关系对指标进行选择。在具体的项目管理中选取可比性指标，便于工作

人员收集数据。

（2）全面性原则。这一原则要求相关单位从不同角度对评价对象的整体及其对环境影响的实际情况进行评价。

（3）科学性原则。这一原则要求相关单位在指标的选取过程中注意对定性指标及定量指标的综合考虑，同时在宏观和微观方面也要有一定的考虑。

2.绿色公路工程项目管理绩效评价指标体系的内容

绿色公路工程项目管理绩效评价指标体系包括以下几个方面的内容：

（1）管理效果方面。这方面主要包括员工绿色管理受训率、项目专职环保员工比率、项目计划工期率、施工能力建成率、绿色投资投入率，其中的员工绿色管理受训率反映了项目绿色管理教育的工作成绩。为了能够成功地实施绿色公路工程项目管理，避免在项目实施过程中给生态环境带来各种负面影响，让绿色管理深入人心，相关单位必须普遍开展绿色管理教育。

（2）技术效果方面。这方面包括无纸化办公覆盖率、就地取材率、项目施工安全检查合格率、绿色投资报酬率，其中的无纸化办公覆盖率（无纸化办公覆盖率＝项目无纸化办公部门数/项目总部门数)反映了项目的现代化技术使用情况、降低污染情况。

（3）环境效果方面。这方面包括施工场地空气的污染指标、污水的处理等，其中空气的污染指标包括消尘措施的合理性、裸露场地呈现的比例、空气中有害物的浓度。在工程的建设过程中，难免会出现扬尘等现象，绿色公路工程项目管理指标要求工程的实施者对空气污染进行有效的控制。

（4）经济效果方面。这方面包括项目成本降低率、风险控制费用率、环境污染治理费用率、总资产报酬率等，其中项目成本降低率反映的是项目成本管理水平。

绿色公路工程项目管理是落实社会可持续发展战略的关键环节和重要手段，被越来越多的专家认可。绿色公路工程项目管理不仅可以有效降低项目的成本，促使企业自发地进行技术创新，还可以提高项目组织者的管理水平，进而促进工程、社会、环境和谐共赢局面的形成。

第六章　公路工程施工管理研究

第一节　公路工程施工管理概述

虽然我国在公路施工管理方面已经有了不小的进步，也取得了一定的成绩，但是目前的公路施工管理水平还没有达到一个比较理想的层次，各类施工方面事故的发生、经常出现的工期延期问题以及投入使用后出现的一些比较严重的交通安全事故等，导致我国公路施工方面在社会上反响较差，实际的施工质量也有待提高。

一、公路工程施工管理的主要内容及其必要性

随着我国综合实力的不断增强，国家在公路建设方面的投资力度越来越大，相关人员对公路工程施工技术的研究也越来越多。随着我国经济水平的提高，公路所负荷的交通运载量急剧增加，人们对公路质量的要求也不断提高，给公路工程的发展带来了巨大的压力。只有加强对公路工程施工质量的管理，才能有效地推动我国公路工程的全面发展。公路工程施工管理的内容主要包含对生产原材料、施工工作人员、所用设备与施工工艺等几个重要方面的严格把控。针对资源配置等影响公路工程质量的因素，相关部门也要进行严格的把控，这样才能够有效地保障整个工程的顺利进行。由于公路工程施工所需要的工艺、所用到的设备都很复杂，所以施工过程中会出现一些不可避免的细节问题，这些问题如果处理不到位，那么会对最终的施工质量造成很大的影响。具体来说，公路工程施工管理的必要性主要体现在以下几方面：

1.增强交通运输的可靠性

公路是交通运输的一个基础性环节，公路工程的施工管理质量与交通运输的功能性有着密切的联系。一方面，只有保证施工管理质量合格，才能够保证交通运输功能的可靠性；另一方面，只有保证公路建设质量符合标准，才能够保证交通运输功能的有效性。

2.保障居民出行的安全性与便利性

在现代化社会中,越来越多的人选择驾车出行,人们对公路工程的要求越来越高。在实际施工过程中,采用科学合理的管理方式能够极大地降低施工对居民日常生活的影响,同时能为居民提供高质量的公路,保障居民出行的安全性与便利性。因此,高质量的公路工程施工管理会对我国居民的生活产生一定的积极影响。

3.增强区域间的经济交流

不同地区之间需要依靠公路进行连接与联系,因此公路工程施工管理对区域间的经济交流发挥着极为重要的作用。高质量的公路工程施工管理有助于构建发达的交通系统,而发达的交通系统有利于维护区域之间的联系,加强区域之间的经济联络,并促进不同地区之间的经济、文化交流。

对公路工程建设而言,最基础的要求就是施工的安全性与稳定性。只有保证施工质量,提高施工管理工作的有效性,才能最终保证施工的安全性与稳定性,促进交通运输事业的可持续发展,才能进一步加强各个地区之间的联系与交流。

二、公路工程施工管理中存在的问题

1.施工管理中的人员问题

在公路工程施工管理中存在着一定的人员问题。所谓人员问题,就是施工管理人员综合素质不够高,在专业技能方面比较薄弱,一些施工管理人员对图纸的理解能力比较差,只是根据自身的经验开展工作,这会给整个工程带来很大的安全隐患。除此之外,还存在一些施工管理人员在管理时态度不端正的问题,管理意识比较薄弱,在施工监督的及时性与力度方面有待提高。

2.施工管理中的制度问题

制度方面的问题主要体现为整个管理体制不够完善,常常会发生出现施工事故之后责任人不够明确的问题,这会给整个工程的施工带来很大的负面影响,甚至会直接影响公路工程的施工质量。

三、公路工程施工管理措施

1.建立公路工程施工管理制度

相关部门要制定科学合理的管理制度，才能够有效地保证公路工程施工的顺利进行。也就是说，只有更加完善的施工管理体制才能够有效地保证施工的进度、质量以及安全。在建立起完善的施工管理体制后，相关部门还要设定相关的考核机制，对施工现场的管理进行考核，在具体施工中，既要强化对施工人员的监督管理，也要明确每个人需要承担的责任，进而保证整个施工的顺利进行。

2.做好材料管理和人员管理

在公路工程施工中，施工的原材料是非常重要的，如果材料管理方面出现问题，那么会给整个公路施工带来巨大的影响，甚至会造成比较大的经济损失，所以相关人员要做好材料管理工作。在材料采购方面，采购人员需要对材料的需求量有深入的了解，这样才能避免浪费。材料采购回来之后，相关人员要对材料进行科学的管理，要选择最适合它们的保存方式，如一些铁质材料容易生锈，需要放在比较干燥的地方保管，这样才能保证在需要的时候，施工材料可以正常使用。

人是公路工程施工中的主体，工程的操作、管理与组织都是由人来完成的，所以工作人员的管理水平、组织能力以及专业技术能力等都是公路工程比较直接的影响因素。在公路工程施工中，施工单位需要提高对施工人员职业素养的重视程度，同时也要利用更加成熟的管理体制明确相关人员的责任，进而给施工的顺利进行打下良好的基础。施工单位对工作人员进行管理的时候，既要充分激发每个施工人员的工作热情，让施工人员有一个良好的工作状态，又要对他们的施工状况进行严格的监督与管理，把握好每一处细节，这样才能保证公路工程的质量。

3.分析公路施工现场的管理要点

整个公路工程施工管理的核心部分就是对施工现场的管理。对公路工程施工现场的管理会直接影响整个公路工程的质量以及公路投入使用后的实际效果，所以相关人员要对公路工程中的路基、路面等进行严格的检查，对其工艺进行严格的把控，以免后续出现路基不均匀沉降、路面不平整等质量问题，对公路的使用造成影响。路基的不均匀沉降会使路基失去稳定性，导致路体的内部发生开裂现象，这会对行车安全造成非常大的影响。出现这种情况通常是因为路基没被压实，所以，相关人员在对路基分层填筑和压实工作上要加大管控力度，减少该情况的出现。公路的平整度会对公路的使用直接造成影响，所以管理人员要对这方面的工作进行严格的监督，要让施工人员准确把握相关参数标准，这样才能有效保证整个路面的平整度。

第二节　公路工程施工监理研究

工程监理是公路工程建设中一项科学的、有效的管理措施，它保证了工程建设的法治化、规范化和程序化。目前，公路工程建设市场庞大，监理工作中存在监理不规范等现象，个别监理工作者素质不高、业务不精，监理队伍已无法满足公路工程建设发展的要求。为了解决这一问题，相关部门要加大公路工程监理工作的力度，完善相关监理措施。

一、严格审图

工程设计图是工程施工的依据，也是监理的法定文件。设计图不可避免会出现一些问题，相关部门要认真进行图纸审阅，尽量减少设计失误，使图纸中的问题在设计技术交底中得到解决，这有利于控制公路工程建设的投资、进度和质量。审阅图纸时，相关工作人员应先进行粗略的初审，对工程的轮廓和难易程度有大致了解后，再从总平面图入手对图纸进行仔细的审查。

二、编制监理细则

监理细则是在监理投标文件的基础上，根据已签订的监理委托合同所确定的工作范围，在经过严格的设计图纸审查、完全了解工程的情况和特点后编制的监理工作实施计划，是使监理工作实现科学化、规范化、标准化的指导文件。监理细则的内容一般分为总则和实施细则两部分。总则主要叙述工程概况，监理的依据和标准，监理的内容、方法和目标，工程变更的程序，参加工程监理的人员状况及监理职责，监理的工作会议安排，等等。细则部分是结合工程的内容、特点编写而成的对监理工作的具体要求，主要包括各工序的监理流程，对原材料、成品、半成品的监理检查要求，对工程竣工资料和质量保证资料的核查要求，对工程的安全生产、文明施工方面的检查内容和要求，计量签证的方法和步骤，缺陷责任期间的监理检查方法，等等。

三、审查施工组织设计

施工组织设计是施工单位根据施工合同、设计文件、设计技术交底及施工现场的情况，按照有关施工技术规范、质量要求、安全生产规定等编写的科学的施工综合性指导文件。

监理对施工组织设计的审查主要包括以下几项：

第一，结合施工现场情况和拟提供的进场设备，检查施工进度计划是否符合施工合同要求；根据进度计划和施工网络图判断进度计划是否切实可行；各分项的进度计划是否充分考虑到了气候等外界自然因素的影响，如雨季、潮汛、冬季低温等。

第二，施工方案是否合理，如进出场便道、便桥架设，深挖方支撑，大梁安装的吊装方案是否合理。

第三，施工管理体系和质量保证体系是否严密有序。足够的施工技术管理力量和质保网络是有效地完成工程和确保工程质量的基础。监理在审查人员设置的同时，要注重审查施工管理体系和质量保证体系，如相关人员的职责、任务、权限是否明确，有无开展质量保证活动的具体要求，等等。

第四，有无安全生产、文明施工措施，如有无施工机具设备定期检修制度，有无安全生产管理制度，等等。

四、工序质量监控

工序质量监控分为三个阶段：第一个阶段是施工前的预控。监理工程须复核施工放样，检查原材料、施工设备，检查施工方案中有无防止发生质量通病的措施，等等。以砼道路施工为例，监理工程师应检查放样数据；检查空仓内有无不合规定标高的部位；检查水泥、黄砂、碎石是否符合规定要求，拌和、运送、浇筑砼的设备是否齐全、完好；等等。第二个阶段是过程控制。监理工程师要进行现场跟踪旁站监理，检查施工是不是按施工技术操作规范实施的，随时对施工中存在的问题进行纠正。仍以砼道路施工为例，监理工程师应检查砼搅拌机的进料是否符合规定的配合比和水灰比，砼振捣、真空吸水、磨平是否符合要求，建筑缝、胀缝施工是否正确，砼试块的制作是否符合规定，表面刻纹是否达到了规定要求，等等。第三个阶段是事后检查签认。施工结束后，监理工程师要按质量验收标准对工程进行抽检复验，工程符合要求，监理工程师才能签认。

五、检查施工档案资料

施工档案资料是与施工有关的各类文、录、表、单、图等。这些资料是施工建设活动的真实记录，是全面鉴定工程质量和人们使用、维修设备的重要依据。施工阶段是档案资料形成、积累的关键阶段。

公路工程的施工档案资料由竣工技术档案资料和竣工工程质量保证资料两部分组成。监理工程师经常检查施工单位收集、记录的资料，对于工程质量的提升有着关键作用。监理工程师应按规定及时整理各类监理资料，在每次检查施工单位的资料时仔细核对，发现错误要及时处理，以保证公路工程建设的质量和进度。

六、安全监控

安全生产是确保工程建设顺利进行的重要因素，控制投资、质量、进度的前提是控制安全。公路工程施工现场条件差，多是露天作业，人、机交叉施工，施工难度大，不安全因素多，在这种情况下，安全监控就显得十分重要。安全监控是指对工程施工中的人、机、环境及施工全过程进行预测、评价、监控和督察，通过行政、技术等手段，促使其建设行为符合规范，制止具有冒险性、盲目性、随意性的建设行为，以预防为主，有效地控制工程安全。

在安全监控方面，监理工程师的主要工作有以下几点：

1. 检查施工单位的安全管理状况

检查施工单位的安全管理状况主要包括检查施工单位的管理网络、生产责任制、三级教育制度、施工组织设计中制定的安全生产措施、专项安全施工方案、安全技术交底制度、安全自查记录以及现场的各种施工安全标志。

2.检查现场施工机具

这主要是检查起重吊装设备、各种机具是否符合相应的安全技术规范和标准，运行是否正常，相关人员有无无证操作行为等。

3.检查施工用电的安全状况

这主要包括检查支线架设、现场照明设施、接地接零、漏电保护和地下管线保护等。

4.检查高空、水上和沟槽作业的安全状况

这主要包括检查脚手架、临边保护、安全带、安全网、水上救生设施、沟槽两侧支撑以及安全护栏等。

监理工程师只有做到严格监理、监帮结合、妥善协调，注重事前监控，不当事后裁判，才能够使工程投资合理，使工期得到保证，才能避免质量问题和安全事故的发生，保证工程圆满竣工。

第三节　施工企业安全管理现状分析及改进建议

公路施工企业进行安全管理一般采取立制度、抓管理、重教育、保经费等一系列措施，使人的不安全行为得到制止，使物的不安全状态得到解除，确保施工过程中不出现安全事故，实现工程经济和安全效益目标。目前，我国施工企业安全管理层次多样、内容繁多、人员构成复杂，很多施工企业面临着很想抓安全却又无从下手的窘境。

一、施工企业安全管理现状分析

目前，我国大部分施工企业是按照四个层次进行管理的，即公司总部为经营决策层，分公司为执行层，项目经理部为施工管理层，劳务队伍为施工作业层。总公司与分公司、分公司与项目经理部之间责、权、利关系界定不清，普遍存在"以包代管""以奖代管"和"包盈不包亏"的现象。施工企业安全管理表现出以下特点：

1.企业管理层次增多

目前，施工企业的管理层和经营层分离，导致管理层次增多。我国施工企业大致有集团公司直管项目、子分公司直管项目、三级公司直管项目、集团公司与子分公司合管项目、公司与外部协作管理项目五种基本管理模式，每种模式都具有一定的优势和劣势。

2.安全管理队伍弱势

目前，大多数施工企业的项目安全管理是层次管理，分为总公司级别、分公司级别和项目部级别，各级别都配备专职安全管理人员。但在现实中，各级别都存在安全管理人员的职位不高于低级别人员的职位的现象。

3.施工人员素质不高

劳务队伍作为施工作业层，是安全管理的主要对象。目前，劳务队伍中的施工人员多为刚放下农具的农民工，他们普遍有学历较低、专业技能较低、从业经验不足、安全意识淡薄等特点，综合素质整体较低。

4.安全员整体素质不高

按国家规定，施工现场一般配有安全员，但施工现场的安全员多为技术职称较低的员工或应届毕业生，他们的精力和经验都十分有限，不能及时发现现场的安全问题。

二、施工企业安全管理改进建议

1.领导重视

企业一把手作为安全生产的第一责任人，要充分认识到安全生产的重要性，并将安全责任逐层分解、逐级传递，切实将安全责任落实到每个环节、每个岗位，落实"一岗双责"，同时充分赋予专职安全管理人员话语权和监督权。

2.奖罚分明

施工企业要建立安全生产奖惩制度，根据各部门、各岗位的安全职责建立考核制度，每年对各部门、各岗位安全职责的履行情况进行考核，奖优罚劣。

3.教育培训

项目管理层需要对安全问题有充分的认识。施工企业各级管理人员首先要熟悉工程安全知识；其次要对项目的整体安全负责；最后要参加公司或相关部门组织的安全生产教育培训，以保证自身的安全管理知识与时俱进。

4.安全员管理

针对安全员的工作特点，施工企业可以按照"严格录用、垂直管理"的原则进行管理，对施工现场安全隐患的检查，施工企业可以按照"分级上报"的原则进行管理。

（1）严格录用。施工企业录用安全员时，要考查他们的学历层次、经验水平和知识构成。首先，施工企业要把了解工程建设专业知识列为录用安全员的基本条件；其次，安全管理部门工作人员的知识构成应包括工程建设相关专业知识和安全工程相关专业知识；最后，安全管理工作应由经验丰富的老员工带头。

（2）垂直管理。为保证安全管理部门能更好地了解施工现场的安全情况，及时发现施工现场的安全隐患，施工企业可以对施工现场的安全员实施公司委派制，并由总公司安监部直接管理安全员。安全员要认真履行监督检查的职能，如果相关部门对重大隐患不整改或整改不彻底，那么安全员可直接向公司汇报。

（3）分级上报。按规定，安全员需每日进行安全检查，并将检查结果记入安全日志。为确保安全员检查的结果能及时上传至分公司或总公司，施工企业可以采用"分级上报"制度，即按照可能发生的事故的类型、伤亡人数、经济损失、工期延误等，将安全隐患分为四个等级，四级安全隐患由施工队处理；三级安全隐患由项目经理部处理；二级安全隐患由分公司安全管理部门处理；一级安全隐患由总公司安全管理部门处理。

当前，我国安全生产的形势依然十分严峻，党中央、国务院对安全生产高度重视，党和国家领导对当前的安全生产多次做出批示和要求，提出牢固树立安全生产"红线"意识和"党政同责、一岗双责、齐抓共管"的总体要求。各施工企业应该从自身的实际出发，强化安全生产主体责任意识，不断创新安全监管模式，并将安全责任逐级分解到施工的各个环节中，确保本企业安全生产形势的持续稳定发展，以促进全国安全生产形势的根本好转。

第四节　公路工程建设项目施工
招投标管理

近年来，我国对公路工程建设项目的投资规模不断加大，这也给施工招投标的管理工作提出了更多、更高的要求，所以对公路工程建设项目的招投标管理不断地进行强化具有非常重要的作用。

一、招投标管理的重要性

公路工程建设项目的施工招投标管理工作非常复杂，招标的前期准备阶段、招标的过程及决标成交阶段等都是非常关键的，每一阶段工作的质量都对招投标过程有非常重大的影响。所以，相关部门一定要重视招投标的管理工作，一定要采取有效措施不断地提升招投标的管理水平，为招投标工作的顺利进行提供便利条件。

相关单位进行公路工程建设招标的时候，一定要严格按照相关的规章流程来实施，一般情况下，要经过招投标的主管部门批准。另外，招标单位一定要根据公路工程建设项目的实际特点、设计的具体情况还有自身管理的实际水平，全面考虑合同的类型和分标的数量，对招标方式进行确定。

二、招投标管理的主要内容

第一，公开招标的招标单位要明确邀请多少投标人，并且要对投标申请人的申请文件严格、充分地进行评估，然后按照分数的高低，根据预计人数对投标人名单进行确定。第二，投标单位的负责人一定要到工程现场进行实地考察，这样投标单位才能够根据现场的实际情况，制定更为合适的报价。与此同时，相关的投标人员一定要按照考察的情况，对自身的投标原则以及采用的措施进行选择，这样才能够有效地避免承包商以不了解情况为借口不承担相应的责任。第三，相关单位要在开标之前召开会议。召开标前会议的主要作用是处理投标人存在的一些问题。为了避免误导投标人，相关的招标单位在回答问题时，一定要认真。

三、决标成交阶段的管理

决标成交阶段的主要环节有开标、评标、决标和签约。下面对不同环节的管理工作需要重视的问题进行详细的论述。

1.开标

开标方式一般情况下包括非公开和公开两种，无论采取哪一种方式，相关单位都要在招标文件中标注清楚。在进行公开招标的时候，相关单位要保证竞争的公平，使每一个投标人都明确自身的报价，还能够详细地了解别人的报价。另外，开标一定要按照招标文件中写明的时间进行，招标单位要举行开标仪式，并且要请相关的监理单位、公证机关以及计划部门参加仪式。

2.评标

评标在整个招投标阶段中是非常关键的一环，会直接影响到招标单位是否可以选出最为合适的投标单位，也直接关系到公路工程的质量安全。在进行评标的时候，招标单位一定要按照招标文件当中的内容，评价每一个投标单位制定的标书。为了确保公平、公正，招标单位要成立招标委员会，委员会的成员在整个招标过程中不能受其他因素的干扰，要按照公平、公正的原则处理相关工作。在评标过程中，相关单位和相关人员要注意以下几点：

（1）为了确保公路工程建设项目的评标工作能够顺利进行，在进行评标管理的时候，相关单位和相关人员要遵守基本原则。招标人员一定要保证评标的客观性和有效性，不能只追求低标价。如果投标人报价比较低，招标单位就要认真严格地对其报价进行分析，防止施工单位出现偷工减料的行为，影响整个施工项目的质量。从投标的角度来说，投标单位一定要对照标底以及标书当中的所有内容进行分项报价，以确保报价的合理性。

（2）评标的方法主要有综合评价指标法和公式记分法两种。综合评价指标法就是利用量化的施工经验、建设的工期以及投标单位的报价等相关指标来进行评价。为了有效地实现汇总计算，一定要运用相对数来体现不同的指标。公式记分法一般会附加一些其他的优惠条件，结合施工单位的实践经验综合地进行考虑，按照我国项目投标的规范标准来对不同标书进行评分。这一评标的方法在一些小型公路建设项目的招标中较常应用。

3.决标与签约

在进行决标的时候，招标单位在对评标报告进行全面的分析之后，与多家可能中标的单位对价格以及施工当中存在的一些问题进行详细的讨论，之后再选择最为合适的施工单位。如果施工单位收到授标通知书，就说明其已经是公路工程建设的项目承包人，应当在规定的时间内与招标单位签订施工合同。招标单位还要与中标单位进行深入的讨论，把一些比较细小的问题写进合同中。与此同时，招标单位要把落标通知书发送给其他没有中标的单位，把收取的保证金原数退还。要注意的是，在决标阶段，招标单位和相关专家一定要全面综合地分析不同投标单位的决策投标报价的实际方式，一定要全面掌握各个投标单位具体的投标目标，这样才能够做出最正确的选择。

在对公路工程进行建设的过程当中，施工招投标的管理工作非常关键，相关单位一定要尽可能地对社会资源进行科学合理的分配，在招投标阶段选择最为合适的施工单位，以更好地确保工程的质量。

第五节　公路工程施工现场管理

随着我国经济的不断发展，我国公路网络越来越完善。公路工程施工具有一定的复杂性，对公路工程施工现场进行合理的管理，有利于资源的合理分配，有利于保证施工现场各项工作的顺利开展，有利于提高我国的公路建设水平。目前，我国的公路工程施工管理仍然存在一定的问题，这需要相关工作人员利用高新技术去解决。

一、公路工程施工现场管理的特点

1.专业性

随着公路工程建设事业的快速发展，其建设规模正在不断扩大，而且投入的资金也越来越多，这对公路工程施工现场的管理工作提出了更高的要求。为了提高公路工程的施工质量，确保其建设效益的实现，施工现场管理工作正在朝着专业化方向发展，即管理人员的素质和业务技能水平在不断提高，力争在公路工程施工过程中及时、妥善地解决出现的问题，换言之就是公路施工现场管理工作的专业化水平正在不断提升。

2.动态性

公路施工过程是一个动态变化的过程，现场环境也会随着施工进度的变化而有所改变，为此，加强对施工全过程的动态监管势在必行。相关部门应当采取有效的手段，确保各环节处于可控状态，这样才能有效地提高公路工程项目施工建设的质量和效率。

3.系统性

公路工程项目本身的系统性非常强,从目前国内交通运输行业的发展情况来看,公路工程建设过程中的施工现场管理工作越来越复杂、越来越系统。公路工程建设包括投资决策、项目设计以及工程招标与施工等环节,各环节之间存在着密切的关联,这对公路工程施工现场管理工作的系统性提出了更高的要求。

二、公路工程施工现场管理中常见的问题

1.材料质量难以控制

公路工程建设需要消耗大量的材料,而且公路工程建设的范围较大,因此管理人员很难对材料的质量进行有效监管。这使材料质量难以控制成为公路工程施工现场管理中的常见问题之一。对工程质量的监控一般是对成品进行抽样检测,得到的数据不准确。对工程难以进行实时监控,对材料的管理也是极其困难的。公路工程的施工需要大量的材料,如果材料的采购、存储和调用难以得到有效的管理,那么会产生大量的额外费用,增加工程的成本。

2.施工安全问题

公路工程建设普遍在露天环境中进行,因此环境会对施工造成一定的影响,如山体滑坡、泥石流等自然灾害会对施工的顺利开展造成影响,甚至会威胁施工人员的人身安全。另外,现代公路工程施工基本上实现了机械化,施工人员在操作机械设备的过程中,若出现违规操作情况,就会引发安全事故。由此可见,公路工程施工现场的安全管理至关重要。但是在实际工程施工中,施工人员的安全意识淡薄,现场安全管理不到位的情况十分常见。一些企业为了控制成本,减少安全设备采购方面的资金投入,也为公路工程施工埋下了一定的安全隐患。

3.施工质量管理问题

公路工程是市政工程的一部分,极易产生施工质量不达标的问题。公路工程施工现场的人员和设备不固定,会使施工质量产生波动。同时,施工前的设计失误、机械设备的非正常工作、施工材料的质量不过关等,都会影响公路工程的质量。

三、完善公路工程施工现场管理的对策

1.提高思想认识

随着我国公路工程的发展,越来越多的施工企业认识到了施工现场管理的重要性。公路项目施工企业要提高安全管理意识,不能只关注公路工程项目成本,要认识到施工成本的形成与施工现场的管理有着密切的关系。施工企业应当在企业内部制定施工现场的管理制度,安排专人负责施工现场的协调和管理,让工程项目的实施完全处于管理和监控之下,如在施工现场设置现场管理部门,配备安全管理、质量管理、技术管理等人员,以更为健全的管理职能架构确保公路工程项目的顺利实施,提高公路工程项目的整体质量。

2.合理配备现场管理人员

公路工程的施工受自然地质条件的影响很大,因此施工企业应当在提高思想认识的基础上,合理配备施工现场管理人员,同时要在施工现场配备项目经理,负责现场的施工调度和管理。另外,施工企业还要在施工现场配备材料管理人员,负责进场材料的验收和安置。

3.紧抓细节管理

公路工程具备质量连续性的特点,不仅工序之间的影响极大,而且在实施每道工序的过程中,决定质量的细节非常多,所以施工企业要紧抓细节管理。公路工程受自然地质条件的影响很大,施工企业应当在工程项目实施之前指派专职人员对施工现场进行实地考察和勘验,准确把握施工现场的实际情况,并做好相关的应急预案,制定合理的施工方案,同时结合施工设计图纸来安排施工顺序、材料进场顺序、施工队伍的进出场时间等。材料的重要性不言而喻,对材料的细节管理关乎成本、质量、进度等关键问题,因此施工企业要在材料方面做好细节管理,如对进出场的材料做好台账,完善材料申领登记制度,避免材料的浪费。施工企业要做好动态化的细节管理工作。这一点对于进度和成本管理极为重要,成本的形成是一个动态的过程,进度的控制也是如此。动态化的细节管理有助于管理人员更加明确地分析工程实体的形成过程,及时发现施工现场管理中的问题,并以此来实行"反馈—落实—改进"的细节管理模式。

总而言之,公路工程项目施工现场管理工作的内容非常多,而且涉及面非常广,施工企业应当在实践中加强思想认识,针对施工状况和施工质量要求等,建立完善的施工现场管理机制,通过机制的落实来实现对工程项目施工现场进行管理的目的。

第六节　公路工程施工管理中的
成本控制

　　成本控制通常是指企业在开展活动之前，预先制定出的有关成本的一系列规则，其具体内容是在参考往年工程成本数据的基础上，结合实际情况为各项费用规定上限，避免资源及资金的浪费。一旦实际费用与预算相差过大，会计人员就要对其进行具体分析，及时调整支出，以维持企业的正常运营，确保生产能顺利进行。公路工程的成本控制一般是指在工程开展前，企业相关部门要预先估算人力、物力及其他相关费用的开支；在施工期间，监督部门对这些开支进行审核，避免实际费用与预算相差过大，一旦出现偏差值过大的情况，会计人员就要与施工队积极沟通并及时提出解决措施。公路工程成本控制的最终目的是在工程顺利结束的前提下，竭力将生产成本控制在计划之内，进而谋求企业利润最大化。

一、公路工程施工管理中成本控制的意义

　　在项目成本的形成过程中，相关人员通过成本控制可以对生产经营所消耗的人力资源、物质资源和费用支出财力资源进行指导、监督、检查和调整，及时纠正将要发生和已经发生的偏差，把各项生产费用控制在计划成本的范围内，以保证成本目标的实现。对施工成本进行控制可以及时掌握资金消耗的速度和方向，严格控制超支，制止浪费行为，实现资金的有效利用。在保证质量、安全、进度的前提下，加强成本控制有利于实现利益最大化，提高施工企业的经济效益。

二、公路工程施工管理中成本控制的内容

1.直接成本

　　直接成本主要由实体支出构成，其内容包括人力、机械、材料等方面的支出，直接成本控制工作主要由前期预案决定。要想充分落实直接成本控制工作，相关单位就要根据施工工程量及成本测算制定科学合理的资金管理方案，合理分配资金，确保各

部门管理机制的有效运行。

2.间接成本

间接成本通常是指企业的管理支出。在开展工程活动时，项目部的各项日常开支以及相关部门的监督管理所需的开支皆包括在内。因此，企业要想减少间接成本，首先要完善自身的内外管理规章制度，提高管理人员的业务水平和管控意识；其次是加强对成本控制对象各方面的监管；最后企业要加强内外的协同工作，确保工程管理的正常进行。

三、公路工程施工管理成本控制中存在的问题

1.成本控制体制不健全

一些企业制定了很多规章制度，但成本管理制度并不完善，还存在一些不足。例如，技术分析没有与经济分析紧密结合；财务部门单纯地进行核算和分析，未对工程进行事前的成本预测和事中的成本控制；未明确各部门的责任和权利，导致各部门互相推卸责任；奖励机制不到位，很难调动员工的积极性；等等。

2.成本管理人员的业务水平不足

成本管理人员的业务水平对实现成本目标极其重要。一些项目缺乏专业的成本管理人员，企业在安排成本控制工作时委任不当，成本管理人员没有掌握先进的成本控制手段，等等，都会使成本控制出现很多漏洞，无法达到理想的控制效果。

3.施工环节控制不全面

企业在各个施工环节没有做到全面、合理的管理，系统科学的管理模式只是流于表面，导致施工组织混乱，自然不能在施工过程中正确地处理成本、质量、进度、安全之间的关系。

4.缺乏合同管理经验

建设各方因对合同条款的理解有分歧而产生合同纠纷，施工单位与施工人员、材料供应商签订合同时，未充分考虑市场环境的波动性，缺乏对风险的识别与分析等都是缺乏合同管理经验的表现。

四、成本控制的对策

1. 完善成本控制体系

市场竞争日益激烈，如何保证项目成本、实现利益最大化是企业面临的重要问题。企业完善成本控制体系可采取以下几项措施：

（1）签订目标责任书，明确成本目标。要想取得良好的经济效益，公司总部应与项目经理签订目标责任书，明确成本、质量、安全、环保等目标。项目经理可组织编制精细可行的成本计划，使项目成本始终处于可控范围内，从而确保总体目标的完成。

（2）加强过程监督，定期进行成本分析。公司总部应加强对施工过程的监督，成立考核领导小组，定期组织财务中心、工程管理部、合同成本部对项目成本进行核实，核查项目的实际成本与预期成本之间的差异，若差异过大则召开成本分析会，科学合理地解决问题。

（3）建立奖励机制，明确责任与权力。成本控制贯穿整个项目的各个阶段，成本目标是通过所有人员的尽职尽责来实现的。项目部可以按照不同岗位划分成本控制责任，让所有人员都参与成本控制工作，从而形成强大的成本控制网络。项目经理要定期对成本控制进行考评分析，有奖有罚，达到名副其实的"全员参与成本控制"，全面激发员工的积极性。

2. 做好施工管理

（1）编制科学合理的施工组织设计。施工组织设计应结合图纸、现场的实际情况、材料设备情况、劳务队伍以及企业的管理能力，制定最为科学合理的施工方案，缩短工期并提高工程质量，最大限度地降低成本。

（2）处理好成本与质量、进度、安全之间的关系。相关单位要处理好成本与质量、进度、安全之间的关系，制定合理的质量要求和进度计划，将成本控制在合理范围内，要树立安全与效益相结合的观念，采取有效措施预防安全事故的发生。

（3）合理使用资源，控制材料费、人工费和机械费。在项目的实际成本中，材料费约占60%，因此控制材料费是降低成本的重点。控制人工费的主要目的是提高施工效率，准确计算用工量。一些工程可以采用包干制，以降低人工费。对机械费的控制可以通过资源的合理配置来实现，施工单位可以根据现场的实际情况，充分利用现有设备，合理组织施工，尽量减少设备闲置的情况。

（4）关注工程设计变更，科学索赔。变更索赔是施工中的常见问题，也是工程项目创收的方法之一。每个项目都应配备高素质的变更管理人员，明确责任，高度重视变更管理工作，及时处理索赔问题。

3.规范合同管理

（1）加强施工合同管理。在签订施工合同时，施工单位要仔细阅读合同文本，认真剖析每一条内容，理解合同的关键条款，尤其要注意工程款支付等条款，防止在施工过程中因索赔问题产生纠纷，影响工程施工的顺利进行。对合同履行过程中可能出现的风险，合同双方要明确各自的责任和权利，并约定好处理措施。

（2）加强分包合同管理。相关部门要对分包合同进行严格的审查，建立施工人员、材料供应商管理库，引入竞争机制，科学合理地确定价格；可以实行部门会签制度和逐级审批制度，建立台账，定期检查合同履行情况；在合同实施过程中，可以定期进行人员考核，经常检验机械设备以及材料的质量和数量，避免出现虚报材料数量和以次充好等问题。

做好成本控制是企业管理永恒的话题。在成本管理过程中，企业应不断完善成本控制体系，提高全员的成本控制意识，不断更新成本控制理念，以科学合理的手段全方位、多角度地控制施工成本，打造高质高效的精品工程，助力我国公路建设事业的发展。

五、公路工程施工管理中成本控制的具体方法

1.以施工图预算对成本进行控制

（1）EPC总承包模式下成本控制的方法。不同阶段的成本控制方法如下：

①设计阶段。在设计阶段，相关人员要运用限额设计的办法，根据完成审批的投资估算以及相关的设计任务书，对初步设计进行控制，还要结合已经通过审批的初步设计总概算，对工程图纸进行相关设计。总的来说，限额设计就是要保证工程在竣工之后的结算金额在总投资的限额范围之内。目前，为了分担风险，国内的设计-采购-施工总承包模式（engineering-procurement-construction，EPC）项目大多采用联合体投标的方式，故施工企业在设计阶段就可以和设计人员积极沟通，根据合同总价承包或单价承包等模式，选择对施工方有利的设计，此为"开源"。

②采购阶段。在EPC项目采购工作中，预算人员既要结合通过审核的项目概预算，也要参考当时市场稳定价格以及指导性的价位，对所要采购的物资进行分类核算，得

出最终采购预算。人、机、材中的"材"在工程总投资中占比可达 60%以上，如果施工单位在采购阶段深度介入，那么可能会为企业带来意想不到的资金优势，此也为"开源"。

③施工阶段。相关部门要强化整个施工过程中的审计审查工作，以控制施工成本，例如强化审计管理中事前审计、事中审计、事后审计三个环节的工作。

（2）PPP 模式下成本控制的策略。具体策略如下：

①多途径成本控制。在 PPP 模式下，成本控制可以通过材料计划管理和材料使用管理两个途径来实现。在项目建设过程中，合同清单内的细项，尤其是工程量清单，是项目部编制材料需求计划的依据。因此，工程部应定期制定材料用量计划，如一周或者一个月制定一次，并将计划提前报给材料管控人员，以便材料管控人员采购材料。需要注意的是，工程部在制订材料用量计划时应结合项目剩余材料量和所需材料的市场价格等数据，以确保材料用量计划的科学合理。在施工过程中，相关人员必须严格按计划领用材料，如果发生超额用料的情况，那么施工人员必须有甲方和监理签发的施工变更单及变更部门的施工预算方可领用材料。

②细化事前计划与预算。如果一个 PPP 项目过于复杂，那么项目涉及的因素就会增多，如市场、人员和时间等，随着施工的进行，部分因素还会发生变化，如人员安排。针对这种情况，相关部门需做好计划，估算出施工的变量，降低成本消耗。做预算时，通常需要估算总体成本下各个可控范围内的分成本，在各项分成本预算确定之后再进行反复核对，并针对稍有争议的责任、权利、利益等签订合同，使其有条理、无争议，从而帮助项目顺利完成。

2.以强化质量、安全管理对成本进行控制

质量成本通常由两部分组成，一是施工单位操作不规范导致的经济损失，二是企业为保证工程质量而支出的相关费用。对于施工单位来说，质量控制与企业项目管理和经济效益息息相关。可以说，一旦公路工程的质量出现问题，企业不仅会面临相关部门的问责和大众的声讨，还可能会出现巨额的资金亏损。因此，企业在施工过程中要狠抓管理流程，保障工程的质量。这就要求施工企业各部门履行好自身的职责，避免工作出现纰漏。监理部门主要负责对工程的质量及进度进行监测，以保证工程的质量。计划合同部门的主要职责是对工程施工成本进行控制，旨在谋求施工质量与经济效益之间的平衡点。安全质量环保部门要监督以上部门做好管控工作。

3.以施工预算对人力资源及物质资源消耗进行控制

在预算出来后，采购部门需依据预算进行物资采购，并与施工队签订劳务合同，

同时预留部分资金以备不时之需。在施工过程中，一旦日常支出与预算相差过大，管理部门应及时分析实际情况，做出资金调整方案，然后由部门经理签字盖章后告知施工队，以保障工程的顺利进行。在人力资源管理支出方面，监管人员首先要了解工程建设的各个环节以及相关工作人员的能力和特长，在安排任务时"以人为本"，使其各司其职。在物资消耗把控方面，相关部门可以从以下两个方面着手：①对物资进出环节进行监督，每一份任务单与领料单都要上级领导签字才能通过；②在工程施工期间，相关负责人需认真填写记录表，根据工作量的完成情况，将每个阶段的采购、消耗的材料等进行汇总，上报至相关部门。在工程建设过程中，一旦出现额外支出，会计部门就要及时跟进，与供应商进行协调，然后调整物资需求，尽量减少额外支出，并且保管好发票、合同等纸质文件，以避免账目混乱，造成人力、物力资源的浪费。

4.以强化施工现场管理对浪费问题进行控制

为保障工程如期完成，相关部门必须对施工现场的各个环节进行管理：①要保证施工现场的安全，避免发生不必要的事故，造成资金的浪费。②在现场交通方面，要对施工场地进行合理布置，以保证物资运输的正常进行，避免交通堵塞和二次运输情况的出现，否则，既会延误工期，又会造成人力、物力资源的浪费。③要加强对施工工序的管理，要求施工人员必须按照技术交底施工，以保证工程质量，确保不因交叉施工造成窝工而加大施工成本，延长工期。

5.落实动态成本管理

对公路工程施工管理进行动态控制是其成本目标实现的重要途径。对成本的动态控制活动主要从以下两方面来进行：一是施工项目计划成本责任制的落实，二是施工项目成本计划（或成本目标）情况的检查与协调。其中，落实施工项目计划成本责任制指的是建立高效能干的项目管理部门，并与各部门的职工、施工队伍和施工班组签订合同，使其各司其职，为实现企业的经济效益和利润最大化而共同努力。施工项目成本计划情况的检查与协调是为实现目标成本计划而采取的有效措施之一。在此过程中，项目管理部门要根据计划成本和实际成本绘制月度成本折线图。但是由于各种原因，通常会出现三种成本偏差：一是实际偏差（实际偏差＝实际成本－承包成本）；二是计划偏差（计划偏差＝承包成本－计划成本）；三是目标偏差（目标偏差＝实际成本－计划成本）。企业应尽量减少目标偏差，从而有效地实现成本控制。相关单位要进行一系列的调节、控制与指导，并对最终成本进行预测，对项目经理部前期的成本控制进行评估、核查、纠正，制定合理的对策，为实现各项经济指标打好基础；最终实现公路工程施工管理中的成本控制。

　　项目的成本控制效果最终体现在每月一次的经济活动分析表和财务的收支表中。财务分析报告是一定时间内企业经营活动在财务上的综合反应，是衡量和评价企业经营活动情况的依据。经济活动分析报告是金融企业根据会计报表、计划指标、会计核算、统计资料等数据材料，对经济、金融等某一业务领域、某一经营单位的经济活动状况有重点、有针对性地逐一加以分析，对企业的财务状况、理财过程和经营成果作出正确的评价，为报表使用者作出决策而提供依据的一种书面报告。经济活动分析报告的主要职能包括评价过去的经营业绩、衡量目前的财务状况、预测未来的发展趋势和帮助企业作出经营决策。

　　公路工程施工能否落实管理制度受多重因素的影响。从制定到最终的落实阶段，企业要结合具体情况，开展动态管理，只有这样才能适应项目要求，促进企业健康发展。

　　对于企业而言，管理可以分三步走：①根据企业自身的情况制定计划。项目经理结合工程要求，在收集外部市场价格信息和了解企业自身情况的基础上，制定出合理的成本测算，以此规划整个工程的计划成本，并制定应急解决方案。②责任机制的成立。监督部门负责监管工程实施情况，确保公路建设的顺利开展。③管理内容的贯彻落实。按照方案要求开展管理控制活动，相关人员要对项目进行实时跟进，实现成本扁平化、精细化管理，最终达到公路工程施工管理中的成本控制标准。

　　在国家的高速发展中，公路运输有着重要的作用，高速公路的建设遍地开花。公路工程的成本管理不仅应该"节流"更应该"开源"，做好这项工作，既可以保证企业资金链的正常运行，又能提高资金的使用率，不断推动企业健康发展。

第七节　公路工程施工项目的精细化管理

　　管理水平是企业提高核心竞争力的关键，它对企业提高生产效率与经济效益、建立企业员工激励与管理机制具有非常重要的指导意义。精细化管理在各行各业得到了广泛应用，公路施工企业也不例外。公路工程施工周期长，工程量大，对施工现场的粗放式管理已然落伍。公路建设企业要从细节着眼，实施精细化管理，构建科学合理的施工项目管理体系，为公路工程项目的顺利完成提供保障机制。

一、精细化管理概述

对公路工程施工项目进行精细化管理就是利用一些先进的技术和手段对整个公路工程施工项目进行系统化、规范化以及完善化管理。精细化管理是介于常规管理理念与管理技术之间的一种管理体系。和其他管理方式有所不同，精细化管理能够保证工程建设的每个环节都是在精细化管理下进行的，能有力地推动整个管理系统快速高效地运行。公路工程施工项目引用精细化管理模式不仅可以解决目前公路工程施工管理中存在的各种问题，还能够促进公路工程施工项目向着健康有序的方向发展。

在公路工程施工中应用精细化管理对整个施工项目来讲能够起到以下几方面的作用：第一，精细化管理能够起到把公路工程当中的安全隐患降至最低的作用。相关部门应通过精细化管理的应用提前做好预防工作、监督工作以及工程完工后的检查工作，并对这三个环节进行有效的控制，使其能够相互协调与配合。第二，精细化管理的应用不仅有助于相关单位对施工进度进行控制与管理，还能保证公路工程施工的效率和质量。精细化管理极大地推动了公路工程建设的发展。第三，精细化管理不仅能够对资源进行合理的配置，还能够使资源最大限度地发挥作用。

二、精细化管理的主要内容

工程项目实施精细化管理，就是通过建立科学合理的项目管理机制，有效地控制工程进度和资金的使用，提升项目的整体执行力和质量，提高企业的运营管理能力和效益。公路工程施工项目的精细化管理主要包括以下内容：

1.进度控制

为了保证工程如期竣工，施工单位必须做好施工计划，控制好计划实施的进度。在进度控制方面运用精细化管理，具体包括以下四点：首先，分解项目。施工单位要有效地分解项目，将各项目的时间控制好，确保工程建设顺利展开。其次，责任落实。施工单位要将分解好的工作分至各个部门甚至班组，并实施责任制；要制定工程目标，然后依据施工方案的不同，采取对应的管控与交接措施。再次，明确计划、控制进度。施工单位要根据公路工程施工项目的特点，有效地划分施工阶段，并明确各阶段的施工计划，对施工进度加以控制。最后，细化进度并及时纠正偏差。施工单位要结合施工进度与实物工程量等，细致地划分施工时间；若发现偏差，则应及时纠正，确保计划如期进行。

2.成本管理

成本管理是精细化管理的一项重要内容。在公路工程建设中,相关单位应从设备、材料以及人员等入手,对成本加以控制。设备在公路工程建设中占据重要地位,相关单位无论是购买还是租赁设备,都需要对成本进行有效控制,将所需设备的费用编入预算。另外,施工单位应加强协调工作,做好调度,并确保设备的完好,以此来提高设备的使用率与工作效率。相关单位还要对施工所需的材料进行严格控制,采购材料时,应充分考虑材料的质量。

3.施工质量

在公路工程施工的精细化管理中,对质量的精细化管理也是很重要的。对施工质量进行精细化管理主要包括以下几方面内容:首先,保证施工材料的质量。对于施工材料的把控,相关单位应该从审批、选材、采购等一系列准备工作开始,根据市场材料的相关参考数据,筛选出能保证材料质量和信誉良好的供应商。其次,迅速处理施工过程中出现的状况。在实际的施工过程中,相关单位需要把专业的施工设计方案作为处理问题的依据,加大对施工过程和施工质量的监督力度,结合以往的施工经验对施工过程中出现的问题进行处理,提高施工人员的执行力。最后,提高质量监督强度。相关单位应该推行施工前预防、施工时监督、施工后监测的监管模式,在施工前对施工方进行施工资格的判定,在施工过程中进行工程数据的验算和相关汇报,并对施工规范度进行监察,最终建立一套健全的质量精细化管理体系。

4.安全问题

安全问题与施工质量密不可分,在施工过程中发生安全事故不仅会对施工质量产生影响,还会给施工进度与成本带来一定的影响,因此企业必须重视安全问题,加强精细化管理。对施工安全进行精细化管理,相关单位可以从以下几方面着手:首先,构建健全的安全管理体系,并制定规章制度,使施工的安全性得到保障,降低安全事故的发生率,确保施工有序展开。其次,将管理与奖惩制度相结合,并贯彻落实到每个环节。再次,制定应急预案以应对安全事故,尽可能地降低损失;落实领导责任制,从实处出发,将安全生产责任落实到个人。最后,施工人员需严格按照规章制度与相关规定展开施工。此外,施工单位还应安排专门管理人员对施工情况进行定期检查,及时发现安全隐患。

5.验收精细化

对于公路工程施工而言,验收环节也是重要的环节。工程建设主体工作完成后,就会进入工程验收阶段。验收精细化的原则是重点检查不合格产品,重点分析出现不合格产品的原因，对整体工程质量进行回溯式再监测。在实际的验收环节中，验收人员必须对工程进行分段分步的抽样复检。

公路工程建设是非常复杂的，涉及方方面面，而且会受到外界各种因素的影响，要想顺利地完成公路工程建设，就必须对公路工程施工项目进行精细化管理。进行精细化管理，要从实际出发，使管理落到实处，循序渐进地将管理做到专业化、具体化和现代化，从而减少安全隐患，缩减施工成本，使施工项目管理更加科学、全面。

第八节　公路工程施工质量控制及管理

一、公路工程施工质量控制及管理的现状

1.施工及管理人员的整体素质不高

我国公路工程施工人员主要是劳动型人才，不擅长利用科学技术和专业知识来进行工程项目的施工作业。在整个工程中，人是施工主体，贯穿施工过程的始终。为了确保施工的规范性和严格性，施工人员应该在掌握过硬的专业技能的同时加强团队协作。另外，项目管理人员的素质也普遍较低。管理人员是整个工程项目的主导者，应该具有战略意识，只有这样才能带领整个团队高效推进工程项目建设。

2.各项指标不能满足国家和行业质量标准的要求

材料是施工的前提和基础，如果材料不能满足国家和行业质量标准要求，那么后续一系列的质量管理都是无用的，工程质量也没有办法得到保障和控制。在施工过程中，各种假冒伪劣材料的不断出现，不仅会对整个工程项目的质量产生不良影响，还会对公民的生命财产安全带来很大的危害。施工设备尤其是大型机械也要达到行业标准。器械能否发挥其应有的功能、操作人员能否按照规定正确操作器械等都会直接影响工程项目施工的质量。

3.施工管理制度不完善

在公路工程施工过程中，相关单位没有建立完善的责权制度。一般情况下，工程项目的管理人员拥有较大的权力，却没有明确相应的责任。基于这种情况，相关单位应该明确每个人的权力和职责，不能只赋予权力而不明确责任，这样才能够调动各个部门工作人员的积极性，增强他们的责任意识。在施工的过程中还存在着严重的质量

问题，相关单位在这方面也缺少有效的监督管理机制。有些施工单位一味地追求经济效益，偷工减料，以次充好，严重地影响了工程项目的质量。由于管理制度的缺乏，施工单位处理问题十分机械化，也没有落实奖惩制度，没有形成合理的激励机制，难以有效地对工程项目的质量进行管理。

二、公路工程施工质量控制及管理的对策

1.严把工程项目设计的质量关

相关部门首先要对工程项目进行详细的了解，分析实施项目的可能性和风险，根据实际情况，综合各方面的因素做出合理的设计方案。好的设计方案不仅能够保证工程项目建设的顺利开展，还能够减少施工过程中的问题。此外，设计方案还直接影响工程建设的投入。因此，监督部门要提高自身的工作能力，把好项目设计的质量关。

2.加强对公路项目施工人员职业素质的培养

施工人员是影响施工质量的关键因素，所以相关部门要努力提高施工人员的职业素质。一方面，施工人员要有责任心和质量意识；另一方面，施工人员还应该具备专业的知识。这就要求施工单位加强对施工人员的技术培训，增强施工人员的团队协作意识。

3.加强对公路工程设备的管理

工程设备主要包括工程项目施工材料和施工所用的机械设备。相关部门要对这些工程设备进行妥善的保存，避免因存放不当造成的经济损失。对于施工材料的保存，相关部门要从运输阶段就开始注意，在运输过程中要防止倾撒造成浪费。因为施工现场的条件一般都比较简陋，所以材料运输到施工现场之后，相关人员要注意防止材料被淋湿或者受潮，以保证施工材料的质量。对于机械设备，相关人员要定期进行维护和检测，保证设备能在施工过程中正常运转。

4.优化管理模式

对工程项目进行质量管理的前提就是建立健全管理制度和管理体系。在工程施工的过程中，施工单位要在不同的阶段制定不同的质量目标，对整个工程项目的质量进行量化处理，从而促进整体工程质量的提高。在工程施工中，相关部门要根据实际施工情况制定相应的管理目标。工程质量管理不应该只做肤浅的表面工作，应把管理工

作落到实处。另外，针对片面追求经济利益的现象，相关部门不仅应该建立起完善的监督机制，严把工程项目质量关，也应该加强对施工单位社会责任意识的宣传，让施工单位充分认识到他们应承担的社会责任，认识到他们不仅要对自己企业的声誉负责，更要对社会、对公民的生命财产安全负责，从而杜绝潜在的工程安全隐患。

5.加强对重点部位的管理

相关部门要对工程建设的重点部位进行重点管理，这是由工程项目的特点决定的。因为这些重点部位质量的好坏会直接影响整个工程项目质量的高低。如果这些重点部位出现质量问题，就可能导致整个工程项目的坍塌，因此这些重点部位需要安排专人进行专门的管理。这里所说的重点部位是指工程的受力部位或者容易受损伤的部位。对于这些部位，施工人员要与技术检测人员进行交接检验，相关人员要严格按照行业制定的标准进行验收，及时发现问题，避免将隐患带到下一个程序中去。

综上所述，对公路工程施工质量的控制及管理不仅关系到施工单位的经济效益，而且关系到广大公民的生命财产安全，任何企业和个人都应该充分重视。只有这样，企业才能够在激烈的市场竞争中立于不败之地，向人民、社会、国家交出合格的工程项目。

第九节　公路工程施工风险管理

在公路工程的施工过程中，施工风险管理是相关的项目管理人员对整体项目负责的主要内容之一。相关人员要根据实际情况，对可能存在的风险进行评估，确定整个项目会出现哪些风险，并针对这些风险采取措施，从而提高项目整体施工的安全性和有效性，最大限度地降低项目在施工过程中的风险率，甚至让施工过程中可能出现的风险转变为机遇，从而推动工程建设的进度，减少风险带来的经济损失，降低整体项目的造价成本。

一、公路工程施工风险的概念

在公路工程施工中可能遇到的风险因素主要有两种：一种是自然灾害或者意外事

故，另一种是工程项目中的所有不稳定因素。施工风险指的是在施工过程中面临的风险，具有客观性、突发性以及不确定性等特点。自然灾害以及意外事故等风险因素造成的施工风险是客观存在的，具有不明显性，没有前兆性，而且不会随人类的意愿而发生变化。不确定性主要是时间、地点等会因为整体项目工程建设的周期长或者检测的范围广等，出现各种不确定因素。

对于施工风险，相关单位要对其进行识别、分析和评估。对施工风险的分析和评估要在施工之前进行，相关单位要对不同风险在施工过程中可能出现的各种各样的后果作出科学合理的判断，提出相应的措施。为了使公路工程建设稳定、持续地展开，相关部门要针对不同类型的风险采取不同的措施。应对风险的措施主要包括回避、控制、自留和转移四种。

二、公路工程施工风险管理中的问题

在公路工程开始施工之前，相关人员要综合考虑地理环境因素，如施工中的气候条件以及沿途地区的施工环境等。山体的走向、自然灾害、当地的生态保护和历史文物保护等，都会给工程施工带来一定的风险。在公路工程的施工过程中，部分施工单位和承包商虽然已经认识到了对风险进行管理的重要性，但是仍然存在各种各样的问题。

1.管理人员缺乏风险管理意识

我国部分承包商以及工程管理人员的风险管理意识淡薄，对施工之前的风险认识和评估不重视，在公司内部没有形成完整的风险管理和评估体系，也没有设置专门的风险管理人员对整体项目的风险进行评估和分析。部分承包商对施工风险存在侥幸心理，认为施工风险发生的可能性很小，可以忽略。为了追求更大的经济效益而忽视风险管理，会给施工的正常进行埋下隐患。

2.风险管理技术不完善

一些企业和承包商虽然具备较强的风险管理意识，但是因为缺乏相关的风险管理技术，所以在实际的风险管理工作中仍然存在着各种各样的问题。与西方发达国家相比，我国的风险管理理论仍然存在很多缺陷，一些施工企业没有根据自身情况制定相应的风险管理方案和计划书，部分施工企业的风险管理能力严重不足，在施工之前难以实现对风险的识别。

一般的企业工作人员在对风险进行评估和管理的过程中，遵循的原则是以保险为主。很少有管理人员在对风险进行评估之后，搜集更多的资料去寻求规避该风险的措施，而且由于我国缺少这方面的资料，在搜集资料的过程中，管理人员需要花费大量的时间和精力，尽管如此，得到的结果可能还会出现误差。

三、解决公路工程施工风险管理问题的措施

1.确定风险识别流程

确定公路工程施工风险管理的整体流程是十分必要的。风险评测人员应当参考实际项目，对风险识别流程进行改进，从而有效地对风险进行控制。

（1）了解和确定风险项目的管控对象，对工程牵涉到的复杂问题进行简单化处理，核查、检验产生风险的关键因素。

（2）全面处理信息数据，完善风险指标。这一环节牵涉到的因素可能较多，相关人员可以采取降低维度的方法对信息进行提炼，但是要确保数据的完整性和正确性。

（3）基于现阶段已有资料和风险评估人员的专业素质，采取适合的评价手段，对公路工程项目的风险进行识别和归类。

（4）采取合适的措施降低施工风险给项目造成的损失，也是进行风险评估的主要目的。

（5）整理、编写风险评估报告，将其留作参考，为今后相似的工程项目风险评估提供经验。

2.管理施工进度

管理施工进度是解决公路工程施工风险管理问题的有效措施之一。在进度管理的过程中，相关单位要对公路工程的施工工期进行合理的规划，不能为了节省开支而盲目加快施工进度，否则容易出现质量问题。

3.防控意外问题

最大限度地避免各种意外情况的发生，对于公路工程的正常施工来说意义重大。在工程施工过程中，对于社会问题（如房屋拆迁问题）的规避也十分重要，相关部门对这些问题一定要处理妥当，否则容易引发严重的社会矛盾。此外，相关部门要做好对施工进度的监理工作，对工期进行严格的要求，要安排好时间，制定出详细的计划表，在发现工期延误的时候，要做好计划修改工作，做好人力、物力、财力等的协调，

保证项目按照计划表正常、顺利地进行。

4.管理施工成本

在施工过程中，为了有效地实现技术经济和成本经济等目标，相关单位要对施工成本进行管理。要有效地管理施工成本，相关单位就要科学地对施工进度进行安排，对施工方案进行详细的技术经济比选，确定最终方案；要对施工工期以及施工质量等进行严格的要求，对市场的材料进行询价，对相应的支出进行合理的安排以及记录。

5.优化人员配置

对于风险管理，我国大部分企业还没有设置专门的风险管理部门，还没有形成聘用风险管理人才的习惯，风险管理人员极少，且大部分是新手，有经验的风险管理人才非常紧缺。这使得相关承包商的风险控制能力不足，没有办法在风险来临时，及时采取应对措施。一些企业虽然设置了风险管理部门，却没有对风险管理进行相应的研究，所以其风险管理能力也不高。

6.管理施工安全

施工过程中容易出现各种各样的安全问题，因此对施工安全的管理十分重要。相关单位要保证施工人员的人身安全，要对质量安全的检查体系进行完善，要使施工人员按照图纸和规章制度进行施工，要对不符合质量的原材料进行相应的处理，要在专业技术人员的指导下对各种成品和半成品进行详细的检查，要做好工程的试验以及检测等工作。

公路工程项目对我国的社会经济发展具有重要作用。公路工程具有周期长、投资大、施工难度大等特点，而且容易产生施工质量不高和施工成本增加等问题。因此，在施工过程中，加强对施工风险的研究和管理十分重要。相关工作人员应该在实际工作中及时、认真地归纳总结风险管理经验，为公路工程建设的稳定持续发展作出贡献。

第七章 绿色公路概述

第一节 绿色公路的概念、建设原则和施工

一、绿色公路的概念

绿色公路并不是公路的绿化或"绿色化",绿色公路的主体是公路本身,包括公路线形、公路路基、公路路面、公路桥梁、公路隧道、公路房屋建筑和其他公路设施。对于绿色公路的概念有不同的说法:有人认为绿色公路即环保公路或生态公路;有人认为绿色公路代表公路向节能或节约型方向发展;也有人认为绿色公路就是绿色的林荫大道,包含自行车道的或环保或资源节约的公路(城市道路)。笔者认为,绿色公路是在公路的全寿命周期内,以创新、协调、绿色、开放、共享为发展理念,最大限度地控制资源占用,降低能源消耗,减少污染排放,保护生态环境,注重建设品质的提升与运行效率的提高,为司乘人员提供安全、舒适、便捷、美观的行车环境,与自然和谐共生的公路。绿色公路是资源和能源节约型的公路,相关部门应以绿色公路的目标为导向,建立一个通达有序、安全舒适、环保节能的公路系统,以降低公路的维护成本,提高公路运输服务的安全性、舒适性与流畅性。另外,绿色公路工程体现出一定的系统性与专业性,因此在建设过程中,相关部门要从规划设计、施工组织及运营维护等多个方面综合考虑,遵循规划为主、治理为辅的建设经营原则,在整个公路建设过程中融入节约资源、降低能耗的绿色理念。

二、绿色公路的建设原则

要建设绿色公路,就要以低碳理念为指导。低碳理念的核心是通过新技术的应用,改革体制,调整产业结构,高效利用能源,建立低碳经济模式和生活方式,促进社会

的可持续发展。在低碳理念的指导下，绿色公路建设必须遵循以下三个原则：

1.“四节”原则

“四节”即节水、节能、节材、节地。为实现低碳建设的目标，绿色公路建设必须改变传统的建设理念，采用以低碳理念为基础的设计方法，注意节水、节能、节材、节地，转换施工技术指标，减少公路建设对不可再生资源的消耗。同时，在绿色公路建设中，要优先考虑使用绿色材料和可回收材料，以建立环保的低碳道路系统。

2.环境保护原则

绿色公路的建设必须遵循环境保护原则，尽量减少对自然环境的影响，注意保护水土资源、古物、名树等，相关人员要妥善处理施工中产生的废弃物，并加强对废弃物的回收和再利用。

3.以人为本原则

绿色公路的建设必须遵循以人为本原则。要建设绿色公路，就必须坚持以人为本的理念，从人体生理学、心理学和公路舒适度出发，对绿色公路进行设计和建设。

三、绿色公路施工

1.充分利用可再生资源

在可持续发展理念的影响下，低碳交通在世界范围内得到了高度赞赏和广泛实施。就目前的情况来看，绿色公路建设中的“绿色”主要体现在低碳技术和可再生资源的利用上。为了提高绿色公路建设水平，相关部门正在积极开展对低碳技术等新技术的研究，积极转化技术成果并将其用于绿色公路建设中。沿绿色公路安装太阳能电池板就是一项很好的措施，太阳能电池板可以为公路沿线建筑物、道路服务区域、隧道等供电，从而节约资源。

2.把排水和蓄水相结合

在绿色公路建设中，将排水和蓄水结合起来进行道路建设可以极大地节约资源：把方形的树池改成条形可以增加树池的蓄水体积；停车场采用渗透雨水的结构可以让雨水渗透到地下，补充地下水；改变公路边缘石头的结构形态可以让雨水流入绿化带，从而对绿化带进行灌溉；路边的纵坡采用不产生沉淀的最小纵坡，增加雨水在坡面上的停留时间，促进雨水的渗入。

3.保护环境

公路工程施工难免会对环境造成一定的污染，因此在低碳理念指导下的绿色公路建设要特别注意对环境的保护，对于公路工程施工过程中产生的固体废弃物，相关部门要进行妥善的处理，要对临时占地设施进行全面的清理，合理管控废弃物，强化环境保护工作。同时，相关部门要强化对废弃物污染的防治和处理，选择的施工场地要尽量远离河流，尽量避开居民区饮用水源和农业灌溉水源，设置相应的水资源处理装置，实现废水排放的标准化。在桥梁钻孔灌注桩施工中，相关部门不但要合理设置泥浆沉淀池，还要积极地采用泥浆船进行施工，以有效防治废水污染问题。

4.低碳理念下的公路绿化技术

公路绿化也是绿色公路很重要的一个方面。近年来，喷雾等新技术在公路绿化工作中得到了广泛应用，有效解决了积雪、基岩等局部公路绿化问题。在绿色公路建设中，相关部门应结合种植厂家对树木二氧化碳净化能力的研究结果，根据当地的气候条件等，从多种植物中选择具有较强二氧化碳净化能力的植物来绿化公路。另外，相关部门还要根据具体的交通情况，分析和预测二氧化碳排放量，科学合理地确定公路的绿化率，采用适当的绿化方式，确保公路绿化效果。

5.采用科学合理的水处理系统

水是公路建设、运营和维护的重要资源。在绿色公路建设中，为提高水资源利用率，可以改变常规的水处理系统，利用中水回用系统减少水资源消耗，重复利用水资源。目前，水回用系统已开始在中国的公路建设中使用。

总而言之，要想提升公路施工建设的环保性，需要选择节能环保的设备和材料，相关的公路设计也要注重保护生态环境。同时，还要积极利用多种技术手段加强对废旧材料的利用，在保证绿色公路施工质量的基础上更好地保证绿色公路的环保性。

第二节 绿色公路建设的要点和关键技术

在绿色公路建设中，施工人员应遵循低碳平衡原则，在环保理念的指导下达到节能减排的目标。就目前的情况来看,绿色公路已经成为促进公路事业发展的重要途径。为了提高绿色公路建设的水平，相关部门应在绿色公路建设中积极运用各种新技术。本节从绿色公路建设的要点和关键技术两个方面对绿色公路建设作进一步的阐述。

一、绿色公路建设的要点

为了确保绿色公路的施工质量，相关部门应对绿色公路建设的要点进行严格的把控。在具体的施工中，绿色公路建设的要点主要包括构建绿色公路交通体系，构建节能环保的绿色公路建设体系，加强对节能环保绿色公路的运营管理。

1.构建绿色公路交通体系

我国的传统公路建设过于强调经济效益，忽视对生态环境的保护。在绿色公路建设中，应确保经济效益、交通建设、生态保护的和谐统一；在绿色公路交通体系建设中，应确保节能环保与公路建设并重，树立"节约资源、和谐发展"的理念，对公路生态保障体系加以完善，使公路建设可以更好地发展。

另外，要构建绿色公路交通体系，施工企业应加强对施工人员的培训和管理。在公路施工中，施工人员的专业水平直接影响着公路的质量，所以施工企业应加强对施工人员的培训和管理，定期组织培训活动，帮助施工人员掌握更多新的施工技术与理论知识，使施工人员的技术水平得到全面提升，为绿色公路施工建立一支高素质的施工队伍。为了提升绿色公路工程的施工质量，相关部门还要不断优化施工工艺，并要求施工人员严格按照相关规定施工。

2.构建节能环保的绿色公路建设体系

在绿色公路建设中，相关部门应坚持节能环保理念，将各种绿色技术运用其中，确保公路设计、公路施工、公路运营及管理绿色低碳，使能源成本降到最低，实现资源配置的最优化。

在绿色公路建设中，相关人员应遵循环保选线原则，对线路情况进行调查，根据施工现场的实际情况合理地制定施工设计方案，避开生态敏感区和环境保护区，降低土地资源占用率。

由于公路施工对环境的影响极大，因此施工企业应对公路项目建设加强管理，应选择高质量的施工材料和先进的施工技术，延长公路使用寿命。与此同时，施工企业还应制定一定的环境管理措施，防止施工废水、生活污水对生态环境造成污染。在公路施工中，环保、施工应同步进行，例如噪声防治工程、绿化景观工程、污水处理工程等，以确保环境效益的实现。

3.加强对节能环保绿色公路的运营管理

绿色公路要求相关部门按照"安全高效、持续发展"原则开展运营，通过养护管理对策消除安全隐患，促进公路使用质量与运输能力的提高。同时，相关部门还应对绿色公路工程的使用效果，周边的环境质量、生态恢复情况进行调查，一旦发现问题应及时处理，以确保自然环境与公路建设的和谐统一。

　　为减少交通事故的发生，保证驾驶员与乘客的生命安全，相关部门应全面贯彻"预防为主、防治结合"的理念，对绿色公路服务体系进行构建，根据技术资料作出科学决策，充分消除损害绿色公路的因素，使设施耐久性全面提升。

二、绿色公路建设的关键技术

1.自然能源利用技术

　　在绿色公路建设中，对施工地形和当地的气候进行勘查是一项至关重要的工作，也是实现资源合理利用的基础。根据当地的气候条件合理地利用自然能源，对绿色公路建设至关重要。例如，在山区隧道工程建设中，可应用自然能源利用技术，在具体建设中参照风向来规划隧道工程，充分利用风能，以达到节省电能的目的。另外，在绿色公路建设中，太阳能开发利用技术的应用可降低绿色公路建设的成本。

2.水环境敏感区设计技术

　　水环境敏感区的建设对公路施工质量有直接影响，水环境面貌与施工环节间存在紧密联系，因此相关人员对公路沿线的水质进行考察是必要的。相关人员应根据对水环境敏感区的考察结果对公路干线进行调整，以达到环境保护的目的。若在建设绿色公路过程中无法避开水环境敏感区，相关部门则应健全绿色公路施工技术体系，提高施工方案的科学性，及时清理施工垃圾，为水环境提供保障。

3."碳补偿"绿化带设计技术

　　设计"碳补偿"绿化带，就是在公路两侧种植具有固碳能力的植物，这些植物可吸收车辆排放的尾气，从而减小碳吸收量与碳排放量间的差值。随着人们生活质量的提高、城市车辆数量的增加，公路的压力越来越大，在这种情况下，"碳补偿"绿化带设计技术的应用对碳排放量具有一定的控制作用，有助于实现绿色公路建设的目标。

　　为确保"碳补偿"绿化带设计技术得到更好的应用，设计人员应提前对施工现场的地理条件、周边的气候特点进行严格的考察，并根据相关指标对碳排放量进行控制，对植物的固碳能力进行检测，明确公路区域绿化带植物的种植模式。

4.生态环境恢复和保护效果评价技术

生态环境恢复和保护效果评价技术是绿色公路建设的一项关键施工技术，将其运用到绿色公路建设中，对生态环境具有重要的保护作用。实际上，生态环境恢复和保护效果评价技术是建立在对公路周边生态环境理解的基础上的。充分利用这项技术，相关部门就可以根据生态景观整合状况开展工程施工，同时还可以对生态环境的维护和资源的应用进行严格的监管。另外，在绿色公路建设中运用生态环境恢复和保护效果评价技术，可以加强施工人员对自然资源利用与生态环境维护间关系的认知和理解。

5.沥青循环利用关键技术

在公路路面改建过程中极易产生废旧沥青材料，这些废旧沥青材料通常会被当作无用物丢弃。在这种情况下，沥青循环利用关键技术可发挥重要的作用——它可以帮助相关人员对废旧沥青材料进行二次加工，实现资源的回收再利用。

沥青循环利用关键技术包括厂拌热再生技术、就地热再生技术、冷再生技术。厂拌热再生技术是指对废旧沥青材料进行破碎处理后，将其与集料、填料、沥青黏合剂按比例配置后生产出新的沥青材料。就地热再生技术是指利用就地热再生机组，将待养护的沥青路面加热至一定温度后，对其进行铣刨或翻松，然后掺入一定比例的再生剂或新沥青混合料等，拌和均匀、摊铺、碾压成型。冷再生技术发源于20世纪80年代，因其独有的优势获得了非常广泛的应用，成为当前道路维护改造过程中最主要的几种方法之一。沥青循环利用关键技术应用前景好，可在各级公路沥青施工中得到运用。

6.工程机械设备节油技术

在绿色公路建设中，工程机械设备节油技术也可发挥一定的作用。相关部门应积极树立"以人为本，全面节油"理念，对机械操作人员加强培训和管理，对设备管理制度进行有效的完善，根据设备运行情况与路面施工状况规定燃油消耗额度。

设备节油作为一个系统的工程具有一定复杂性，为了实现节能目的，管理人员应在工程施工过程中对机械设备的运行状况、燃油状况、耗油情况进行严格的监测，若机械设备的耗油量超标则应及时进行更换。施工企业应在施工过程中使用先进的机械设备，提高节能效果，真正实现节能减排。

第三节 绿色公路评价

公路基础设施建设是国民经济发展的基础之一，在我国经济、政治、文化建设中发挥着不可替代的作用。但是，公路基础设施建设会对周边的环境产生直接或间接的负面影响，从而引发一系列的环境问题。因此，在公路基础设施建设中，应坚持社会主义核心价值观，坚持节约资源与保护环境的政策。推进绿色公路建设是贯彻我国节约资源与保护环境政策的基本保障，有利于我国从交通大国向交通强国迈进。

一、国外的绿色公路评价

美国的"绿色公路评级系统"定义了路面可持续性的属性，建立了一套量化评价办法。该分级系统对公路工程项目的评价包括 11 项强制项、37 项评分项和不超过 2 项的自定义项。在公路满足全部强制项的前提下，相关人员根据评分值的高低确定公路工程项目的等级。

美国联邦公路局于 2010 年提出了"基础设施可持续性评价系统"。该系统从社会、经济、环境三个方面明确了绿色公路的内涵，从路网规划、项目设计施工、项目运营管理三个环节入手对工程进行评价。这是它与上文提到的"绿色公路评级系统"最大的不同之处。

加拿大安大略省的"绿色路面评价系统"类似于"绿色建筑工具"这一评价系统，这个系统从路面设计技术、材料与资源、能源与环境、创新与设计四个方面对项目进行评价。

二、我国的绿色公路评价

2013 年，受交通运输部政策法规司委托，交通运输部公路科学研究院编制了"绿色低碳公路建设评价指标体系"，该评价体系综合考虑节能、减排、节水、节地、节材，从节能评估、绿色低碳水平、管理行为、项目前期、工程实施、其他六个方面对公路工程项目的绿色低碳水平进行评价。

云南云岭高速公路养护绿化工程有限公司与长安大学等编制的云南省地方标准

《绿色公路评价标准》（DB 53/T449-2013）是我国第一个关于绿色公路评价的地方性评价标准。将《绿色公路评价标准》与美国的"绿色公路评级系统"进行比较，可以发现，云南省地方标准的评价指标体系、评价方案等全面参照了"绿色公路评级系统"的评价体系、指标、标准和方法，同时也考虑到了我国基本建设程序与国外存在的差异。

三、绿色公路评价体系的构建

不同维度的体系构架各有优缺点，我国已有的绿色公路评价实践多侧重从要素指标的技术管理维度构建绿色公路评价体系。虽然从要素指标的技术管理维度构建评价体系更易保证逻辑的严密性，但这样构建起来的评价体系对不同建设阶段决策管理的支撑作用相对薄弱。笔者将从强制性指标体系的构建、选择性指标体系的构建两个方面入手，对绿色公路评价体系的构建进行阐述。

1.强制性指标体系的构建

为实现社会、经济、环境的可持续发展，公路建设理应承担起环境资源保护与可持续开发利用的行业责任。公路的建、管、养本身也是消耗资源、影响生态环境的过程，相关主体责任部门必须在规划、设计、施工环节严格按照国家相关法律法规的强制性要求进行操作。此外，在公路行业内部，为公众提供合格的产品与服务也是公路自身可持续发展的要求。基于以上三方面的要求，绿色公路在规划、设计、建设等方面必须遵循各种强制性指标，以实现"规划许可合法、设计方案合规、建设过程达标"。

在这里，笔者重点介绍"规划许可合法"这一点。"规划许可合法"重点针对三个方面的内容：①考虑外部资源环境的约束，特别是国土空间规划的"三区三线"要求和社会发展规划的要求，使绿色公路的规划与生态环境部、自然资源部、住房和城乡建设部等部门的法规相协调，真正实现"多规合一"的目标；②在公路行业内部，满足规划目标一致性要求，使项目建设与区域路网规划、规划环评研究相一致；③在促进社会发展上与地方政府对产业发展、旅游发展的规划相衔接。基于以上三点，相关部门应选取相应指标对绿色公路的规划进行评价。此外，相关部门应针对绿色公路的设计方案是否合规这一问题，主要从公路项目设计涉及的环境、资源、安全管理制度执行的程序合法性角度，选取相应指标对绿色公路进行评价，从重大变更程序、环境管理、质量与安全管理等方面对绿色公路的施工进行评价。

2.选择性指标体系的构建

选择性指标体系以资源要素的技术管理维度构建为基础，同时明确指标在各阶段的决策管理条件边界。资源要素以现阶段绿色公路在统筹资源利用、能源消耗、污染排放、生态影响、品质工程 5 个方面的专业内容为框架，同时为了完善交叉性指标和统领性指标体系，增加了"总体控制"和"创新与开拓"要求，形成了 7 类一级指标管理框架。二级指标力求覆盖相关资源要素的各专业领域，三级指标则侧重主要技术领域。

此外，相关部门可以设置可合并指标和对应权重，在开展独立评价时不再评价相关交叉性指标。为加强各指标对不同类型项目决策管理的指引性，相关部门应对所涉及的公路建设阶段管理、公路等级等层面进行边界确定，明确指标的适用条件。

绿色公路评价是一项长期、复杂、艰巨的科学任务，尤其是指标评价方法与相关专业技术发展、国情特点等紧密相关，需要持续优化，环境、经济与社会的综合平衡也极为复杂，这些问题均需持续研究。

第八章 绿色公路示范工程

第一节 阳蟒高速绿色公路示范工程

阳蟒高速公路是山西省唯一的交通运输部绿色公路建设典型示范工程。本节将对阳蟒高速公路根据地域特色把生态引领、低碳环保、景观融入、服务共享、智慧创新等绿色理念融入公路设计、施工、运营全过程的具体做法进行研究，希望可以为行业其他绿色公路的建设提供借鉴。

节约资源、保护环境是生态文明建设的两个重要方面，交通行业是践行生态文明建设理念的重要阵地。在建设阳蟒高速公路的过程中，相关单位全面践行绿色公路建设、绿色环保交通发展的理念，积极开展绿色公路创建的各项工作，使阳蟒高速公路成为绿色公路的典型。

一、绿色公路建设管理

1.组织管理

山西路桥集团阳蟒高速公路有限责任公司（以下简称"阳蟒公司"）从项目伊始就成立了绿色公路示范创建组织保障机构，建立了由领导层、执行层、操作层组成的机构体系。领导层由省厅分管领导及相关人员组成；执行层由阳蟒公司领导班子及部室负责人组成；操作层由施工单位项目经理、总工及相关负责人组成，负责品质工程创建实施的具体工作。在建设阳蟒高速公路的过程中，该公司还成立了专家咨询组、阳蟒高速公路绿色公路科研课题组，积极开展绿色公路创建的各项工作。

2.建设定位

阳蟒高速公路项目的建设定位非常清晰：结合工程特点和周边的自然生态环境、自然生态旅游资源等区域特点，践行交通运输部"综合交通、智慧交通、绿色交通、平安交通"的交通发展理念和推进绿色公路建设的理念，建设以质量优良为前提，以

"资源节约、生态环保、节能高效、服务提升"为主要特征的阳蟒高速公路。

3.建设目标

在确定了建设定位的同时，阳蟒高速公路项目也确定了自己的建设目标：结合阳蟒高速公路工程的特点和周边的生态环境、人文旅游资源特征,建设以优化路网功能、控制资源占用、减少能源消耗、降低污染物排放、保护生态环境、推进绿色发展为核心，以理念创新、技术创新、管理创新和制度创新为驱动，以资源节约、低碳节能、生态友好、温馨服务为特色的阳蟒高速绿色公路示范工程。

二、资源利用与集约节约措施

绿色公路应体现对自然资源,尤其是稀缺资源的减量利用、有效利用和循环利用。在建设阳蟒高速公路的过程中，相关单位以统筹通道资源利用、节约资源、降低能源耗用为重点，将节约资源、降低能耗的绿色理念融入规划设计、施工组织及运营维护全过程，力求做到土石方平衡，最大限度地减少对煤炭、耕地和水资源的占用，实现资源的最大化利用。

1.施工便道与美丽乡村游公路相结合

阳城县作为山西省"美丽乡村"连片区建设试点县之一，从改善村庄人居环境、建设旅游休闲设施、完善旅游软环境、发展文化创意产业等方面规划了具有鲜明地方文化特色的美丽乡村连片区，其中乡村旅游公路、自行车道、步道等的建设对把不同风格的"美丽乡村"串联成网，提高乡村旅游公路的通达性和多用途性有重要意义。在建设阳蟒高速公路的过程中，相关单位将部分施工临时便道与美丽乡村游公路相融合，施工完毕后将其升级改造为乡村旅游公路、自行车道、步道等，并在适当位置增设了观景台，完善了路侧的旅游标识和旅游信息，拓展了公路旅游功能。

2.隧道裂隙水循环利用

在施工过程中，施工人员通过引流管将阳蟒高速公路隧道开挖施工过程中流出的裂隙水排出洞口，这些裂隙水沉淀后可在施工中循环使用。在隧道建成后，这些水通过中央排水系统排出洞口集中沉淀后还可以继续使用。隧道裂隙水的循环利用减少了阳蟒高速公路建设过程中对水资源的消耗。

3.固体废弃物资源化利用

在阳蟒高速公路的建设过程中，相关单位充分利用弃渣、弃方，将弃渣、弃方变废为宝：一方面利用弃渣填沟造地，利用弃方进行改地、造地、还林、还草；另一方面新建石料厂自行加工碎石、机制砂和片石，将它们用于路基和台背填筑、景观营造、砌体工程、混凝土工程和路面工程。这些废弃物资源化利用方式促进了交通运输部提出的"零借方、零弃方"绿色公路建设目标的实现。

4.粉煤灰综合利用

相关单位在阳蟒高速公路施工过程中大力推行阳城发电厂的工业废料——粉煤灰的循环利用。在采空区处理中，选用粉煤灰废料作为掺合料配制浆液可以减少水泥用量。水泥粉煤灰稳定碎石底基层属于半刚性结构，具有强度高、稳定性好、刚度大等特点，其抗开裂性能优于水泥稳定碎石底基层。另外，液态粉煤灰台背回填工艺代替了传统工艺，这种工艺具有可连续施工、节约工期、减少污染、后期强度高、沉降小、有效解决桥头跳车问题的优点。把液态粉煤灰作为掺合料使用可有效提高混凝土的性能。

三、绿色低碳与生态保护措施

阳蟒高速公路部分路段穿越阳城县下芹集中式饮用水源准保护区，临近蟒河国家级自然保护区，区域敏感，对生态环境的保护和恢复要求较高。在具体践行绿色发展理念时，相关单位坚持生态优先、和谐发展的指导方针，强化设计、施工、运营、养护等各阶段的生态环境保护，实现了"最大限度地保护、最低程度地影响、最有力度地自然恢复"，促进了公路与生态、社会的健康可持续发展。

1.注重生态选线

在建设阳蟒高速公路的过程中，为避开蟒河国家级自然保护区和一级水源保护地等环境敏感区，不片面追求高指标，相关单位坚持"不破坏就是最大的保护"理念，采用弓形走向合理地避开了环境敏感区（路线距保护区边界约 1.2 km），充分保护了自然保护区的完整性和原始性。

2.边坡生态修复

在建设阳蟒高速公路前，相关单位充分考虑到道路沿线的景观和视觉特点，按照"一坡一图"的原则进行了边坡专项景观设计。阳蟒高速公路的路堑边坡采用开窗式护面墙，窗内设空心六棱砖；路堤边坡采用蜂巢式覆土绿化、装配式骨架护坡＋植草防护、植生袋防护；桥台锥坡采用生态砌块＋植草防护，这些设计解决了传统防护工程中"绿化"与"硬化"的矛盾，实现了工程建设和环境保护的完美结合。

3.隧道零开挖

在建设阳蟒隧道的过程中，相关单位根据超前地质预报和掘进揭露的地质状况开展动态设计，尽可能保持原生态平衡，洞门顶的高度和开挖面相接处的高度相同，不去开挖洞门以上标高的土体，按"早进洞、晚出洞、零开挖进洞"的原则进行隧道洞门设计，避免出现高边仰坡，在选择洞门形式时也因地制宜，优先采用与环境协调性较好的削竹式洞门。

4.弃土场复垦

在建设阳蟒高速公路的过程中，相关单位利用弃渣填沟造地，按照来源和用途对公路弃渣进行收集、分类、处理，同时，针对耕作用土的需求，有针对性地采用物理、化学及生物等综合改良和快速成土技术，将荒山、荒坡改造成耕地，将小块梯田改造成大块良田，实现了高速公路弃土场的快速复垦，完成了造地、还地、还林、还草的生态修复工作。

四、交旅融合与景观优化措施

2017 年，交通运输部联合国家旅游局（现中华人民共和国文化和旅游部）、国家铁路局、中国民用航空局、中国铁路总公司等相关单位联合发布了《关于促进交通运输与旅游融合发展的若干意见》（交规划发〔2017〕24 号），明确提出要加强高速公路景观营造。阳蟒高速公路沿线自然风光优美，旅游资源丰富，相关单位充分考虑了地方乡土风貌和当地历史悠久、文化遗产众多、风景名胜遍布的特点，结合乡土材料（如原生石材等）和地方艺术文化（如冶铁文化、桑蚕文化、陶瓷文化等），打造了富有地域特色的挡墙、声屏障等景观。

1.硬质挡墙景观优化

边坡景观打造应在确保坡面稳定的前提下，遵循"生态修复为主，兼顾景观效果"的基本原则。阳蟒高速公路硬质挡墙在植物选择上以乡土植物为主，以外来景观植物为辅，选取不同花期、不同色彩的植物，采取高低错落的自然式群落栽植方式，注重生态修复和景观建设，兼顾后期植物养护，打造绿色安全、丰富多彩的边坡景观环境。

2.服务区景观优化

在建设阳蟒高速公路的过程中，相关单位深入分析阳蟒高速公路沿线地区的建筑形式、艺术文化、图案符号，充分利用当地的原生材料，通过景观小品的造型、景观墙的雕刻等，从人文内涵上进行服务区文化景观设计，从而展现阳城深厚的文化底蕴。

3.互通区景观优化

在满足行车功能需求的前提下，阳蟒高速公路项目的相关负责人充分利用互通立交空间，根据当地的生态环境、人文环境，合理地设计特色景观，通过对贴合地域文化的景观小品的打造，强化了互通立交景观的特性，打造了特色景观区域。

4.声屏障景观优化

在建设阳蟒高速公路的过程中，相关单位通过对生态声屏障的降噪效果、外观效果、综合造价、占地面积及结构合理性5个方面指标的分析，突破传统的声屏障结构形式，设计出综合性能较好的声屏障结构形式。相关单位以废旧轮胎颗粒为主要材料，选取阳城当地的耐候性植物，通过种植土配比试验得出最合适的种植土配比，在保证基本降噪性能的前提下进行植物景观设计，实现降噪效果和景观效果的协调。

五、科技创新措施

在阳蟒高速公路的建设过程中，创新贯穿于绿色公路建设的各个环节，相关单位大力推进技术创新，强化科技创新引领作用，以信息化技术为依托，形成三大技术创新局面，实现管理效能和服务水平等的全面提升，为多元化交通出行提供了支撑。

1.取、弃土场动态智能管理平台系统

相关单位通过搭建具备属性信息修改、查询定位、相关图片的动态实时导入、三维场景视频展示、稳定性监管、恢复耕地肥力监管、生态效果监管及复垦综合效益评价等功能的取、弃土场网上管理平台，在阳蟒高速公路建设过程中实现了对取、弃土场的综合高效管理。

2.太阳能光伏树

太阳能光伏树将任意安装角度的光伏板和电力系统相结合，具备固定安装角度的光伏板没有的全方位性优势，每天都能吸收一定量的太阳能。与固定安装角度的光伏板相比，它占地面积更小，发电量更大，同时更美观。

3.风力发电雕塑

人们充分利用动力学原理，借空气流动的力量引导雕塑旋转，使雕塑产生一种动态效果，这就是风力发电雕塑。风力发电雕塑将雕塑与风力发电相结合，不仅可以在

服务区形成一道亮丽的风景线，还可以将风能有效转化成电能。

六、实施过程保障措施

在交通运输部《关于实施绿色公路建设的指导意见》（交办公路〔2016〕93 号）的指导下，相关部门针对阳蟒高速公路建设中的技术需求，联合高校、研究院等科研院所开展了科技攻关研究工作，有力地支撑了工程建设。

1.制度保障

为保障阳蟒高速公路建设工作顺利开展，阳蟒公司构建了绿色公路建设可控、可量化、可考核的制度体系，主要包括绿色公路建设综合评价制度、节能减排统计监测考核评价制度、绩效评估制度和奖惩制度等。同时，阳蟒公司不断改进绿色公路建设技术，并对考核指标进行量化，明确了阳蟒高速公路建设、施工、监理的标准化工作要求，以确保项目质量，优化施工工艺，提高高速公路建设管理水平。

2.技术保障

相关单位为阳蟒高速公路的建设提供了强有力的技术保障：一是强化创新驱动与支撑作用，采用先进技术、先进工艺、先进设备、新型材料和现代化管理手段；二是在资源循环利用、生态环保、节能减排等方面积极开展绿色公路技术研究，加快能源高效利用、节能减排、路域生态防护与修复建设等方面新技术的研发及应用。同时，阳蟒公司与山西省公路学会、山西省建筑业协会、中国公路学会进行了沟通与协调，建立了相互联动、协同共享、有效管理的工作机制。

3.人才保障

相关部门成立了阳蟒高速绿色公路建设典型示范工程咨询专家组，为绿色公路建设提供了强有力的人才保障。咨询专家组由国内经验丰富的专家组成，对绿色公路的勘查、设计、施工、运营、管理等环节进行技术指导，开展专题研究，制定绿色公路建设相关的技术方案，组织实施各科技攻关项目，指导设计优化和工程实施，探索相关评价指标和制度的建设。

阳蟒高速公路的建设以项目工程特色为前提，围绕"生态引领""低碳环保""景观融入""服务共享""智慧创新"理念，全程采用绿色技术，全方位实行绿色管理，最大限度地发挥公路旅游功能，实现了从"旅游公路"向"公路旅游"的转变，推动了绿色公路建设，引领了行业转型升级。

第二节　延崇高速公路河北段绿色公路示范工程

延崇高速公路河北段位于张家口市东部,途经怀来县、赤城县和崇礼区三个县(区),由主线、延伸工程和赤城支线三条路段组成,全线采用双向四车道高速公路建设标准,路线全长 113.684 km,其中主线长 81.552 km,设置怀来北、大海陀、赤城南、韩庄枢纽、太子城互通式立交 5 处,设置大海陀、赤城、太子城服务区 3 处。

延崇高速公路河北段所在区域旅游资源十分丰富,有著名的滑雪胜地、坝上草原、赤城温泉、草原天路等众多景点,是河北省发展生态旅游的重点区域,同时将在北京与张家口联合举办的第 24 届冬季奥林匹克运动会中起重要的交通保障作用。未来,密云、延庆、承德、张家口将共建京北生态旅游圈,成为京津冀一体化发展的典型。

由此可见,延崇高速公路河北段未来将承担大量的旅游交通转运和沿线产业开发与带动任务,必将成为京西北一道亮丽的风景线。因此,在延崇高速公路河北段绿色公路的建设过程中,减小能源消耗、保护自然环境、打造特色自然人文景观十分必要。

一、项目实施的重点与难点

1.地处高寒山区,施工要求高

延崇高速公路河北段所在的张家口地区属于高寒山区,冬季严寒,常年昼夜温差大,年度有效施工期短,该项目于 2017 年 6 月开始建设,主线于 2019 年年底建成通车。由于高寒地区冰冻期长、冰雪多,有效施工期短,两年半中实际有效工期仅为 15 个月。工程路面裂缝的防治需求高,交通运行的安全要求高,对施工工艺和材料有特殊要求,这些因素造成了施工紧张、施工难度大等问题,也给路基、路面、桥梁、隧道等工程结构的施工带来了巨大挑战。同时,主线桥梁、隧道较多,工程施工、隧道照明和通风等能耗较高,沿线土地资源稀缺,部分路段穿越城区,用地紧张,这些都为公路工程的建设带来很多困难。

面对高寒环境给工程带来的困难与挑战,相关单位在工程施工中必须采取相应的措施。在管理工作中,相关单位应根据高寒地区施工管理要点、工艺技术控制要点,以及施工基础参数控制点等进行质量管理,加大高海拔高寒地区相关课题研究,通过理论和技术创新提高工程施工效率,保障工期和工程质量。

2.生态环境脆弱，恢复难度大

生态环境是脆弱的、敏感的，保护它们不易，破坏它们后再恢复则更难。延崇高速公路河北段直接连接延庆和张家口两个冬奥会赛区，是冬奥会交通的主通道和重点建设项目。该项目所处的张家口市属于典型的大陆性干旱和半干旱气候，植物生长期短，水资源短缺，生态环境十分脆弱。当地的生态环境一旦被破坏，恢复起来难度巨大，因此相关单位必须提前做好设计和规划，将"绿色生态"理念贯穿整个项目，促进公路建设与生态保护的协调发展。

3.奥运交通保障，关注程度高

第 24 届冬季奥林匹克运动会将由北京市和张家口市联合举办。这是中国第一次举办冬季奥运会，也是中国继北京奥运会、南京青奥会后，第三次举办奥运赛事。

延崇高速公路河北段作为京津冀一体化西北高速通道之一，是连接北京城区、延庆新城和河北张北地区的快速交通干道,对于疏解京藏 G6、京新 G7 客货运交通压力，提高道路通行能力和行车安全具有重要意义。同时，延崇高速公路河北段也是 2019年世界园艺博览会园区道路和 2022 年冬奥会赛场的联络通道，是 2022 年冬奥会重大交通保障项目之一。冬奥会是世界瞩目的重大体育赛事,在国内外均有极高的关注度，届时将有各国人士选择延崇高速公路河北段通行，公路沿线的生态环境必将受到各界的高度关注，项目各相关单位只有全力以赴，才能为冬奥会交上一份满意答卷。

二、参建过程控制

1.勘查设计

（1）资源利用技术。资源利用技术的具体内容如下：

第一，集约利用通道，科学利用土地。延崇高速公路河北段按照"统筹规划、合理布局、集约高效"原则，统筹利用运输通道资源，设计时将环保选线、地形选线、地质选线、标准选线与造价选线等选线标准综合在一起，以尽可能避让基本农田，提高土地利用率。

第二，着力实现"零弃方、少借方"。延崇高速公路河北段通过优化平纵面线形，合理控制路基填挖，统筹土方调配，有效地减少取、弃土场设置，节约用地，保护沿线植被与自然环境。

第三，推行永临结合，服务地方经济。在延崇高速公路河北段的建设过程中，相关单位加强与地方政府和群众对接，部分设施实现永临结合，减少重复建设，减少对临时用地的占用，服务地方经济。

（2）环保选线技术。环保选线技术的具体内容如下：

第一，加强生态设计，实现自然和谐。相关单位在规划、设计延崇高速公路河北段时，非常注重生态环保设计、标准化设计、服务设施人性化与安全性设计、绿色节能设计、集成化设计，坚持地质选线、生态选线、环保选线，坚持把以人为本、尊重自然、绿色低碳、服务地方理念融入工程规划。

第二，进行方案比选，实现填挖平衡。设计单位、施工单位在设计、施工时，努力将路堑边坡高度控制在 20 m 以下，对于路堑高度超过 20 m 的路段则考虑采用框架植草防护以及修整路堑顶部等方案，灵活运用技术指标，做好路堤与桥梁、路堑与隧道的方案比选，做好横断面和纵断面设计，实现填挖平衡，以最大限度地降低对环境的影响。

（3）系统设计技术。相关单位着眼于周期成本，强化建养并重，优化以耐久性为核心的全寿命周期设计，努力弥补工程设施的短板；将公路运营和维护纳入工程设计与建设一并考虑，从可施工性、可维护性、可拓展性的角度，前瞻性地做好系统设计，处理好各专业设计的衔接。

（4）BIM 技术。BIM 技术的具体内容如下：

第一，采用 BIM 技术进行全线景观设计。

第二，在砖楼特大桥、螺旋展线、太子城互通立交等控制性工程中使用 BIM 技术进行辅助设计，充分发挥 BIM 技术在精细化建模、构件碰撞检查、高效出图、施工模拟与控制等方面的优势。

第三，构建高速公路 BIM 管理平台，将全线地形、路面、桥梁、隧道、交安、绿化、房建等信息进行集成，实现可视化管理。

2.路基工程

（1）统筹调配土石方，综合利用土地。在施工过程中，施工单位合理调配土石方，在经济运距内充分移挖作填，严格控制土石方工程量；合理利用符合技术标准的工业废料、建筑废渣填筑路基，减少取土用地；合理设置取、弃土场，减少废方。

（2）做好排水设置，保障路基农田。施工单位及时做好施工过程中的临时排水工程，并尽量与永久性排水工程结合设置，保证排水畅通，防止排出的水冲刷路基和农田。

（3）表层土壤剥离，保护农林资源。主体工程先进行清基，剥离地表无用层并保留表层清基料和无用表层土，将其用作后期绿化覆土。

（4）建设生态挡墙，构建生态安全。用公路沿线隧道弃渣加工生态挡墙，既可以减少弃渣，美化环境，又可以减少土地占用，节约资源，有利于构建沿线生态安全体系。

3.路面工程

（1）采用温拌沥青技术。这种技术可以保证低温条件下的施工质量，减少二氧化碳、二氧化氮、硫化物的排放量（减少 75%以上），既解决了寒冷天气影响沥青路段的施工质量和施工工期等问题，又节能环保。

（2）实现资源的循环利用。相关单位积极推广粉煤灰、矿渣、尾矿石、废旧轮胎等工业废料在路面工程中的综合利用，实现资源的循环利用，减少环境污染。

（3）采用净味环保沥青技术。净味环保沥青技术可以清除碳氢化合物类挥发物产生的气味，其原理是专利技术成分与硫化物及其衍生物发生化学反应生成新的不产生气味的物质。这种技术可以减轻沥青和沥青混合料加热、拌和以及施工过程中产生的沥青气味，而非掩盖沥青气味；可以减少沥青混合料生产过程中有害气体的排放量。净味环保沥青与胶粉改性沥青结合使用，可以有效降低胶粉改性沥青生产、胶粉改性沥青混合料拌和及施工过程中含硫有害气体的排放量。

（4）采用沥青混合料的冷再生技术。相关单位选用再生沥青混合料、乳化沥青、水泥、水等，关注关键筛孔，设计最佳级配，确定最佳预拌水量、最佳乳化沥青用量，并在施工过程中严格控制，以获得可靠的性能。

4.桥梁工程

在桥梁工程设计中，相关单位优化以耐久性为核心的全寿命周期设计，将公路运营和维护纳入工程设计与建设一并考虑，突出全寿命，强调系统性，从建造钢桥部分的便利性，运营的经济性、耐久性，养护的成本、便利性等方面进行全寿命周期的论证，以减少运营期维护费用。

在桥梁工程建设中，相关单位积极采用智能张拉与压浆工艺和恒温蒸养措施进行梁板预制，以保证梁板的质量；积极推广钢筋智能加工、智能喷淋养生、养生水循环利用、模板自动装拆、机器凿毛等技术的应用，积极使用多臂凿岩台车、湿喷机、桥面混凝土机等设备，以有效降低养护成本。

5.隧道工程

（1）制定合理工序，充分利用弃渣。相关单位制定合理的施工工序以尽可能早地出渣，并将弃渣应用到路基、观景平台、自驾车营地、奥运场馆等设施的建设中。

（2）智能照明通风，实现能源节约。具体做法如下：

第一，在供配电系统中采用有源滤波和无功补偿等节能技术。隧道主洞照明全部采用变色温 LED（发光二极管）灯具，洞内光环境与洞外自然光基本一致，这提高了驾驶员的行车舒适性，保障了行车安全。

第二，设置遮光棚和环形被动反光环。

第三，用新型的香蕉形射流风机代替传统的射流风机；采用变频控制方式，根据检测信号和所需风量尽量减少风机开启台数和开启次数。

（3）采用新型路面，降解隧道尾气。金家庄特长隧道路面采用的是汽车尾气降解材料。施工单位在铺筑路面面层的过程中，将汽车尾气降解材料掺在沥青混合料中或者涂覆在道路表面，降解材料可以将汽车尾气中的有害成分降解，降低排入空气中有害气体的浓度，从而控制汽车尾气污染，为践行"生态环保"的设计理念提供技术保障。

6.生态绿化，人文美化

（1）特色植被搭配，打造生态景观。相关单位在建设延崇高速公路河北段的过程中，力求实现"圬工防护零裸露"，并充分利用乡土植物和区域特色植物营造融入自然的和谐景观，实现绿色公路的基本功能。

（2）隧道节能照明，模拟自然景观。相关单位在特长隧道的建设中使用蓄能发光技术，以降低能耗，改善隧道光环境，保障行车安全。此外，相关单位还研究确定了特长隧道内模拟自然景观的照明技术，以保障冬奥会期间的特殊通行需求。

（3）桥梁美学设计，营造特殊景观。相关单位在桥梁设计中融入美学设计，以砖楼特大桥为重点，因地制宜地营造桥梁景观。

（4）紧扣奥运主题，展现文化元素。相关单位与设计公司合作，研究公路沿线历史、文化、民俗、自然特色，挖掘公路沿线的传统文化和民俗文化，结合奥运文化精神，提炼相关文化符号（以奥运、冰雪、长城、民俗为主题），设计该项目的形象标志，并将该标志应用于服务区、停车区、观景平台的景观标识及解说系统，给出行者留下深刻的印象，充分展现该项目的风采。

三、保障实施效果

1.创新管理模式，构建保障体系

延崇高速公路河北段工程受关注程度高，定位高，示范性强，因此项目各阶段工作都得到了相关单位的高度重视。相关单位积极争取各级部门的大力支持，在一些关键问题上争取政策上的支持和制度上的保障，以确保工程的顺利实施。项目组织单位定期召开会议，研究、解决工程建设重大问题，总体部署和指导建设工作。

2.扭转传统思路，实施创新驱动

延崇高速公路河北段工程的顺利实施和品牌的打造离不开强大的创新驱动。在项目实施过程中，相关单位大力推动理念创新、技术创新、管理创新和制度创新，积极强化创新的驱动与支撑作用，同时积极转变思路，提升理念，创新技术。

3.注重科研攻关，提升工程品质

科研攻关以问题为导向。针对工程中存在的实际困难和问题，突破技术难点，解决关键技术问题，是延崇高速公路河北段创建绿色示范工程的关键。在确保质量和安全的前提下，相关单位尽可能多地采取生态防护措施，提升绿化工程品质。

第三节　G105 公路改建示范工程

本节将以 G105 京珠线菏泽境改建工程为背景，参照低碳环保领域新材料、新工艺的使用情况，结合项目所在地的自然环境，从路基填料固化、基层厂拌冷再生、温拌沥青混合料、沥青混凝土搅拌站油改气四个方面阐述项目所使用的方法和技术，为改变以往单一、粗放的用料和生产方式探索新的方向。

一、项目基本情况

G105 京珠线金乡、单县界至黄河故道段改建工程北起山东金乡、单县交界处，向南过单县、曹县，止于山东省与河南省的交界处，路线起讫桩号为 K662＋677～K725＋720，全长 63.043 km。

二、项目所使用的方法和技术

1.路基填料固化、循环利用

本项目 K662＋677～K679＋142.5、K687＋233.8～K725＋720 段路基宽度为 16.5 m，改建后路基宽度为 24.5 m。本地区土质主要为低液限粉土、低液限黏土。由于低液限粉土含有较多的粉土，虽具有一定的黏性和塑性，但不稳定，凝聚力很差，被水浸泡时易成流体状态（泥浆），干旱时则易扬尘，因此只可用于路堤的下层，路堤上层宜采用非粉质土，如低液限黏土等。当路基填料强度不能达到设计要求时，施工人员应对其进行掺灰处理。施工图设计对路床上部 40 cm 进行水泥土改善，水泥剂量为 5%，道路两侧不良地质路段可采用城市建筑垃圾弃方等进行换填。

2.基层厂拌冷再生技术

厂拌冷再生技术是将旧沥青路面基层铣刨后运到混合料拌和场，将其破碎、筛分，然后根据旧料的集料级配等指标，掺入一定数量的新集料（碎石）、再生结合料（水泥、石灰等）拌和，使混合料达到规定基层混合料的各项指标，用这种混合料铺筑路面，形成路面基层的一种技术。

实践证明，基层厂拌冷再生技术对公路建设和养护的可持续发展具有重要的现实意义：①节约资源。基层厂拌冷再生技术能最大限度地利用废旧基层混合料，节省大量砂石料，减少资源消耗，每一条投入运营、进入养护维修期的沥青混凝土公路的路面都是一个潜在的可再生资源基地。②保护环境。基层厂拌冷再生技术通过重复利用旧沥青路面混合料，能够防止路面废料对弃料点和周边环境造成污染，有效地保护林地和耕地，保护自然景观和生态环境。

3.温拌沥青混合料技术

温拌沥青混合料技术是指施工温度介于热拌沥青混合料和冷拌沥青混合料之间的沥青路面施工技术。在使用相同原材料的条件下，温拌沥青混合料技术的拌和温度为 110～130 ℃（就普通沥青而言，改性沥青的拌和温度稍高），一般比热拌温度低 20～30 ℃。

温拌沥青混合料技术具有以下优点：

（1）热拌沥青混合料由于在生产和施工过程中温度较高，会排放出大量的废气，这些气体中的有害成分主要有钴、二氧化碳、二氧化硫以及氮氧化物等。它们会严重污染周围的环境，对操作人员的健康也有较大的威胁。温拌沥青混合料技术可以降低施工温度，减少能源消耗，减少有害物质的排放。

（2）热拌沥青混合料的拌和与施工温度较高，在此过程中，沥青会发生一定程度的老化，而温拌沥青混合料的拌和与施工温度较低，可降低沥青老化的程度，延长路面使用寿命，减少后期养护造成的资源消耗。

（3）热拌沥青混合料在低温下不能用于路面施工，但在温拌技术的作用下，沥青混合料的低温和易性好，更容易被压实，同时使用温拌沥青混合料也能减少机械设备的老化问题。因此，温拌技术可以减少施工成本。

4.沥青混凝土搅拌站油改气技术

随着沥青搅拌站骨料加热技术的不断革新和排放环保标准的持续提升，沥青混凝土骨料加热燃料经历了煤、柴油、重油、燃气等的变迁。目前，较常用的重油价格不断攀升，导致沥青混凝土加热的成本越来越高。另外，重油中复杂的成分对设备燃烧系统的损害较大，燃烧残留和燃烧后产生的有害气体对成品料的质量、设备的除尘系统都有较大影响。为了确保骨料加热的质量，降低燃烧系统的故障率，实现沥青混凝土生产的低成本和低排放，技术人员对重油燃烧器进行技术改造，使油改气技术在沥青搅拌站逐步得到推广和应用。

沥青搅拌站油改气技术是指将经过低温（−162 ℃）处理后的天然气用作沥青搅拌站骨料加热燃料，替代传统的重油、橡胶油等燃料对沥青混合料进行加热的技术。通过该技术，液化天然气和重油等燃料可以共用一个燃烧器，使用者可以通过开关不同阀门进行油气切换，实现燃烧器的油气两用。

沥青混凝土搅拌站油改气技术具有以下优点：

（1）简单易控。重油的控制系统复杂，且重油易洒、易漏，而天然气直接由管道输送，经天然气减压站减压后直接送到用气点，流程简单，易于控制。

（2）经济、高效。天然气的燃烧效率高于重油，热量利用效率可以提高 10%～20%，能有效降低生产成本。

（3）绿色环保。重油中的硫、氮等元素含量较高，重油燃烧时产生的二氧化硫和氮氧化物会造成一定的环境污染，且重油黏附力强，进入环境后很难被清除。天然气燃烧后基本无污染，是一种十分环保的能源。

（4）可以降低设备故障率。重油的特性与原油产地、配制原料的调和比有很大关系，重油成分复杂，杂质较多，而且具有较强的腐蚀性，会损坏搅拌站中的油泵、燃烧器等核心组件，其燃烧后的残留物会影响混合料的质量。此外，重油还是导致除尘布袋自燃事故的重要因素。天然气是一种清洁能源，不会对设备造成不良影响。

沥青混凝土搅拌站油改气技术可节约的成本和可产生的社会效益包括以下几方面：

（1）直接成本。搅拌站每生产 1 t 成品沥青混合料需消耗重油 7 kg，重油市场价格为 4 000 元/t，则生产 1 t 成品沥青混合料所需燃料成本为 28 元。改用天然气加热后，搅拌站每生产 1 t 成品沥青混合料需消耗天然气 6 m³，天然气按 4 元/m³ 的市场价格计算，则生产 1 t 成品沥青混合料所需燃料成本为 24 元。每吨成品沥青混合料可节约 4 元，本项目共需成品沥青混合料 456 864 t，则可节约直接成本 182.7 万元，节约下来的这笔钱大约可以买 457 t 重油。

（2）维护保养成本。液化天然气由于燃烧充分,对燃烧器等的损耗几乎可以忽略,而以重油、橡胶油等作燃料,则需要经常更换泵头、燃烧器、除尘器等装置,更换这些装置会产生相应的器具维护费用。据粗略估计,使用重油、橡胶油的大型沥青搅拌站每年的器具维护费用在 10 万元以上。

（3）社会效益。天然气经过净化、冷凝成液化气后不含杂质,可以充分燃烧,无灰尘、气味污染;重油、橡胶油等燃料由于成分复杂,杂质含量高,燃烧不充分,易产生黑烟、粉尘等,会对环境造成污染。

第四节 广梧绿色公路示范工程

广梧高速公路是国家重点公路网规划的组成部分,同时也是交通运输部和广东省联合勘查设计的典型示范工程。本节将从工程概况、资源节约、生态环保、节能高效、服务提升等方面对该项目的绿色公路设计研究情况和实施效果进行分析,以期为绿色公路设计提供参考。

广梧高速公路是国家重点公路网广州至昆明高速公路的重要组成部分。该项目的建设对改善广东西部山区的交通、完善区域路网具有重要意义。作为践行交通运输部"六个坚持、六个树立"和"安全、环保、和谐、经济"新理念的试点工程,该项目于 2004 年 4 月被列为第一批交通运输部和广东省联合公路勘查设计典型示范工程,相关单位历时 3 年完成勘查设计,并在 2010 年 6 月全线建成通车。

一、工程概况

广梧高速公路全线长约 65 km,采用双向四车道高速公路技术标准,设有桥梁 16.380 km/47 座,隧道 12.576 km/13 座,桥隧比例约为 45%。主线平均每公里造价为 7 900 万元。该项目地处粤西山区,其主要特点如下:沿线地形山岭重丘区约占 90%;沿线山间洼地、谷地多为当地人民赖以生存的农田;受断裂构造和褶皱影响,存在滑坡、崩塌、岩溶、高液限土和软土等不良地质;货车比例高约 60%,需注意行车安全和道路通行能力;环境敏感,生态恢复要求高。

二、广梧绿色公路设计与实践效果

广梧高速公路的设计以质量优良、安全耐久为前提，在"资源节约、生态环保、节能高效、服务提升"四个方面取得了良好的效果。

1.广梧绿色公路设计

（1）采用航测数字地面模型。相关单位通过航测数字地面模型，找出并避开了环境敏感区。航测数字地面模型可以建立高精度三维数字地形，可以采用路线 CAD 读取地形，支持多方案的路线优化设计，为山区高速公路环保选线、地形选线提供了便利。

（2）应用综合地质勘查手段。相关单位结合地震安全性评估、地质灾害危险评估对公路沿线进行了勘查，初测采用的是地质遥感技术，以地质调绘和综合物探为主，勘查为辅，详勘以钻孔勘查为主，在施工阶段对岩溶、软土等特殊岩土路段和地质变化较大的区域补充钻探，为地质选线、安全选线提供了保障。

（3）多方案比选路线和工点。相关单位在设计路线时，按照安全选线、环保选线、地形选线、地质选线、全寿命周期成本选线的理念，对旗山顶隧道、鹅公髻隧道、息村大山隧道等路段共拟定了 14 个方案，并综合考虑各方面的因素，最终选出了最合适的方案。

（4）多手段检验设计。相关单位在设计时，采用了运行速度预测、路线动静透视、安全性评价等方法，反复优化相邻路段平纵指标。广梧高速公路运营多年以来，未发生重大事故。

2.实践效果

（1）资源节约方面的效果如下：

第一，集约利用通道资源。在公路设计阶段，相关单位按照"统筹规划、合理布局、集约高效"原则，在牛车顶隧道至鹅公髻隧道路段，把施工便道建设与省道 S279、县道 X472 结合，解决了山区交通不便的问题。

第二，严格保护土地资源。相关单位通过路线多方案比选，避让基本农田，减少土地分割，例如，在逍遥口至大用山谷大高差路段，建立了高架桥，在郁南山谷小高差路段，采用了沿山脚的路基方案，使公路与地形、环境协调统一。在公路建设过程中，相关单位按照"精简、集中、高效"原则，将全线 13 座隧道管理站集中设置，以减少占地。在难以避开的耕地路段，设置路基挡土墙，减小护坡道宽度和桥梁跨越，从而尽可能少地占用耕地。在耕地集中的桥梁路段，采用较大跨径，以便项目完工后进行复垦。

第三，突出全寿命周期成本理念。广梧高速公路在连滩镇至建城镇鹅公髻隧道路段存在 640 m 的大高差陡峭地形，相关单位在设计时进行了高线位和低线位比选。选用高线位方案可以减短隧道长度 2 328 m，如鹅公髻隧道可以减短 1 660 m，公路运行 20 年，可以减少运营电费 4 780 万元，减少灯具费用 2 530 万元，运营公司共可以节省费用约 7 310 万元，虽然油耗、轮耗、通风照明电耗等会增加费用约 3 528 万元，但结合安全专题研究，相关单位最终选用了成本较低的高线位方案。

第四，实施标准化设计。为保障工程质量，提高工程的耐久性，实现工程内外品质的提升，相关单位在桥涵结构选择和跨径组合上做到了设计标准化，采用了技术成熟、经济适用的常规桥型，以便构件集中预制和装配化施工。

第五，高液限土改良利用。广梧高速公路在建设中存在分布范围广、埋深大、厚度变化大的高液限土约 1 300 000 m³。相关单位以液限、细颗粒含量、加州承载比作为控制性指标，在借方路段将细砂、水泥或石灰掺入高液限土，然后将其作为路堤填料使用，节约了近 10 000 m² 取土场和近 15 000 m² 弃土场占地面积。

第六，隧道洞渣、路堑石方综合利用。广梧高速公路在建设过程中存在较多石质弃方，相关单位跨标段调配，将这些石质弃方加工成碎石，用作路面基层材料和排水防护工程的砌块，减少了弃渣占地，降低了工程造价。

（2）生态环保方面的效果如下：

第一，自然的路基设计。相关单位注重修饰和弧化坡顶、挖方段反坡、矮路堤边坡，使其自然顺畅，与周围的环境协调统一；注重保护路堑坡口线至截水沟间的植被，使截水沟隐蔽在原有植被中，并种植灌木以遮蔽影响视觉效果的外露截水沟。

第二，生态型排水设计。相关单位在设计排水系统时，采用了矩形边沟加盖板的暗埋式生态边沟，在局部分离式路基段采用了浅碟式排水沟，因地制宜，以防止水土流失。

第三，无痕化防护设计。相关单位在设计路堑边坡防护时没有采用大体量圬工结构，而是采用了压力分散型锚杆锚索、钢花管注浆、隐藏在边坡内的抗滑桩等，将防护骨架埋于边坡土中，利用乡土植物将其遮蔽起来。

第四，乡土植物和表土利用。相关单位通过对沿线植物和土壤的调查，筛选出了 20 多种适用于该区域公路绿化的乡土植物，并充分发挥表土肥力充足的优势，做好表土的剥离与存放工作，将其用于取、弃土场复垦和边坡、立交、中央分隔带、浅碟形边沟的绿化。应用表土和乡土植物，植物成活率高，可以避免外来物种的侵袭，绿化复垦效果良好。与采用圬工防护相比，采用乡土植物可以节省费用约 3 000 万元；与外购植物相比，使用本地植物可以节省费用约 1 000 万元。

第五，服务区的优化布置。广梧高速公路将服务区集中设置在地形平缓的同一侧，克服了葵洞服务区单侧山高坡陡的困难；共用服务楼和部分设施，根据节假日单边车流量不平衡的状况，动态调节停车区域，可以节省占地，避免高边坡开挖对环境的破坏。

第六，人工湿地及污水处理池。相关单位通过设置人工湿地，对郁南立交站房、连滩管理中心、建城服务区进行生态处理，避免了二次污染，既环保又美观。为处理公路运营期间清洁隧道产生的污水，相关单位还在鹅公髻、牛车顶等隧道口设置了污水处理池。

第七，绿色公路施工。为了保证施工的绿色环保，施工单位对弃土场进行土石分离填筑，将弃石置于底部，将弃土填于上部，并对取、弃土场的排水、防护进行了专门设计，以防止水土流失；在路堑施工期间，保护坡口至红线的植被，在桥梁施工期间，仅清理桥台和桩基处的植被，在隧道施工期间，仅清理洞口处的植被；对土方填筑做好临时防护和排水，对临时用地范围内的裸露地表及时复绿；把地方建设用地和路基永久用地作为临时设施用地，如搅拌站、预制梁场、施工驻地等，以减少新增临时占地。

经水土保持评估，广梧高速公路项目与相同条件的裸地比，年径流量减少 65%，年土壤侵蚀量减少 93.9%。

（3）节能高效方面的效果如下：

第一，风光互补供电技术。针对项目离集中供电点较远的监控外场设备，相关单位采用了太阳能和风能互补的供电方式。

第二，隧道节能技术。广梧高速公路项目在鹅公髻特长隧道采用 LED 照明方案；在石牙山特长隧道采用给负荷中心设置配电站的方法，利用双电源中压供电方式减少线路损耗；根据隧道洞外亮度实测结果，调整隧道照明系统，核减灯具约 600 套；在隧道内采用环保节能供配电产品，有效地降低了隧道运营成本。

在广梧高速公路的建设过程中，相关单位基于各种运营车况和隧道洞壁实际情况，利用计算流体动力学软件 CF$_{design}$，对竖井马头门形式、联络送风道与隧道正洞连接部形态、导流板形状和叶片数，以及多种夹角下排送通风系统的升压值，进行了通风有限元仿真分析，给排风马头门加设最佳叶片数目的导流板，使局部阻力系数从 1.48

降至 0.4，给送风马头门加设最佳叶片数目的导流板，使局部阻力系数从 2.41 降至 1，极大地降低了风阻。以石牙山特长隧道为例，每天竖井轴流风机运行 16 h，仅此一项每年可节省电费约 110 万元。

（4）服务提升方面的效果如下：

第一，提高爬坡车道、避险车道、港湾式停车带的安全性。针对项目长上下坡路段的特点，相关单位结合安全性评价、地形条件和专题研究成果，在长上坡路段设置了 2 处爬坡车道，以提高公路通行能力和服务水平，在长下坡路段设置了 2 处避险车道，以提高行车安全性。针对货车比重较大、硬路肩宽 2.5 m 的特点，广梧高速公路沿线设置了 46 处港湾式紧急停车带，以方便货车应急停靠。

第二，增加具有美感的景观设计。广梧高速公路全线景观的设计都是按照"尊重自然，爱护自然，融入自然，自然而然"的理念进行的，结合沿线的自然和人文环境，将全线景观设计为"田园风韵""山峦翠影""果林飘香"三段。

第三，路堤绿化采用"露""透""封""诱"方针，嘉则透之，俗则屏之。相关单位采用自然协调的乡土植物生态防护，利用乔灌木、草本植物遮蔽圬工砌体，利用乔灌木遮蔽村落路段，边坡绿化采用草灌混种，使周围的景观达到最佳状态。在桥梁设计上，对省道跨线桥、上跨天桥等景观要求高的桥梁，相关单位优选连续箱梁、变截面连续箱梁、板式高墩、独柱花瓶墩、薄壁板墩、异形拱、钢管拱、斜腿刚构等结构形式，通过协调高跨比，减少桥梁墩柱数量，以达到稳重简洁的通视效果。隧道洞门争取"零开挖"，尽量采用与地形协调的削竹式洞门，对端墙式洞门采用梯级挡墙，降低洞门高度，减少土石开挖和圬工体积。互通立交依据地形运用仿等高线设计，以减少土石开挖，使其形态更自然。管理中心和收费站建筑体现了当地的人文特色，与周围的环境协调统一。管理中心和服务区绿化做到了自然式乡土化的四季常绿、三季有花。对于隧道、大桥、立交出入口的名称牌和风景区的标志牌等，相关单位也进行了精心的设计，以使其起到点缀道路景观的作用。

第五节　重庆潼荣绿色公路示范工程

当前，国家对生态文明建设的要求越来越高，各行各业都通过各种举措积极落实行业内的生态文明建设。公路交通作为交通运输行业转型发展的重点推进内容，在推进绿色交通中发挥着重要作用。绿色公路建设是交通运输行业落实生态文明建设的有力举措之一。重庆潼南至荣昌高速公路（以下简称"潼荣高速"）是西南地区唯一的绿色公路示范工程，也是重庆市唯一的"一岗双责"（兼顾绿色公路和品质工程建设）的高速公路，更是助力重庆市生态文明建设的重要工程项目。

一、项目概况

潼荣高速路线全长 138.456 km；设互通式立交 12 处（3 座枢纽互通，9 座一般互通），服务区 3 处，停车区 1 处；桥梁总长 8 895.74 m/56 座（其中特大桥 672 m/1 座，大桥 5 890.4 m/25 座，中桥 1 300 m/16 座，互通主线桥 1 033.34 m/14 座），隧道总长 4 548.5 m/6 座，桥隧比例为 9.71%；车行天桥 40 座，人行天桥 6 座，涵洞、通道 402 道；永久占地 9 692 000 m²。潼荣高速于 2016 年 12 月开始建设，工期为 3 年，2019 年 12 月通车。

潼荣高速是《重庆市高速公路网规划（2013—2030 年）》"三环十二射七联线"中的第七联线，途经渝西潼南、大足、荣昌各工业园及组团片区。该项目位于四川盆地东部丘陵区，这一地区总体地势为西北高东南低，地貌类型包括构造剥蚀型、侵蚀堆积型、侵蚀剥蚀型，境内以人工植被为主，自然植被较差，多乔木、灌木、草本植物和人工植被构成的混交林。潼荣高速是重庆重要的旅游通道，沿线旅游资源十分丰富。

二、项目绿色举措

1.常规绿色举措

常规绿色举措主要指在绿色公路示范工程中比较通用的、相对成熟的绿色举措，是每一个绿色公路示范工程的必选举措。潼荣高速是绿色公路、品质工程的双示范工程，其常规绿色举措具体如下：生态引领方面的常规绿色举措包括生态选线、路基边坡生态修复、噪声防治等；景观融入方面的常规绿色举措包括服务区、主线收费站、互通和隧道的景观营造等；资源节约方面的常规绿色举措包括土石方平衡、土地集约节约利用、钢结构桥梁建设、耐久性路面建设、路基表土收集利用、弃渣利用等；节能低碳方面的常规绿色举措包括施工期节能照明、施工期集中供电、施工期能耗分析等；智慧创新方面的常规绿色举措包括不停车收费与服务系统、BIM 技术应用、提高隐蔽工程验收信息化管理水平等。

2.特色绿色举措

潼荣高速在生态引领、景观融入、资源节约、节能低碳和智慧创新方面还有一些特色举措，涵盖内容、方法、设备、材料和口号等各个方面。

（1）生态引领方面的特色举措主要体现在特色方法和特色材料方面，主要包括植被恢复与保护、微孔岩吸隔声板的应用。

第一，植被恢复与保护。潼荣高速各参建单位在进场前对现场的原生树木进行了移栽和保护，将其运用到驻地建设当中，不但美化了驻地环境，也为后期植被的恢复奠定了基础。在后期，相关单位将现场的原生树木移栽到了服务区或互通区域，充分将绿色公路的理念贯彻到了项目建设当中。相关部门把征地"红线"内可移植观赏树搬迁到了项目部，项目完成后又对这些植物进行了复栽。在开工时，相关部门收集了施工沿线的耕植土，在复耕、种草植树时再将耕植土覆回，这些耕植土可以为植物的快速生长提供有利的条件。此外，相关部门还用塑料膜、网格覆盖高边坡，这些塑料膜、网格可以对发芽期间的草籽起到保湿和固根的作用，有利于促进幼草的生长。

第二，微孔岩吸隔声板的应用。潼荣高速全线声环境敏感区共 87 处，其中一处采用 100 延米微孔岩吸隔声板声屏障，其余各处（共计 10 325 延米）采用传统声屏障。

微孔岩吸隔声板的原料为内蒙古高原天然砂，相关单位利用德国特殊工艺，将一种无机硅基溶剂均匀且极薄地施涂于全部砂粒表面，使砂粒外层之间发生一种熔融再固化反应，由此，砂粒就会牢牢地聚合在一起。采用聚合工艺生产的微孔岩吸隔声板强度高，防火，防潮，抗冻融，耐老化，而且不使用胶黏剂，也无任何有机挥发物，是绿色环保建筑吸隔声材料。

（2）景观融入方面的特色举措主要是指营造全线特色景观的举措。

潼荣高速强化了周边特性，建立了沿线特色景观区域，相关单位根据潼南、大足、荣昌三个地区的旅游资源分布规划动态流线，将全线路段分为"漫野金波""云水襟怀""东方禅音""千梯盈香""陶都觅踪"五个路段。

"漫野金波"段（从项目起点至龙形停车区）位于重庆市潼南区，全长约 17.4 km。此区域是著名的油菜之乡，有着悠久的种植油菜的历史。在油菜花盛开的季节，这里就是一片金色的花的海洋，因此此段被命名为"漫野金波"。

"云水襟怀"段（从龙形停车区至卧佛互通）位于重庆市潼南区，全长约 43.3 km。此区域为革命主题旅游区，有"全国首批十大历史文化名镇"之一双江古镇和杨闇公故里等旅游景点。"云水襟怀"这一名称体现了以出生于此地的杨尚昆先生为代表的无产阶级革命家的"云水襟怀，松柏气节"。

"东方禅音"段（从卧佛互通至三驱枢纽互通）位于重庆市潼南区和大足区，全长约 32.4 km。此区域内有低山、丘陵、平坝及河谷 4 种地貌类型，呈"六丘三山一分坝"之势。该区域的文化主要表现为摩崖造像的石窟艺术，其中以佛教造像为主，儒教、道教造像并存，因此此段被命名为"东方禅音"。

"千梯盈香"段（从三驱枢纽互通至荣昌正华互通）位于大足区和荣昌区，全长约 21.1 km。此区域以丘陵、山坡地形为主，这种特殊的地貌在区域内形成了广阔的梯田景观。梯田依山而建，是农民长期劳动的成果，是智慧的结晶，因此此段被命名为"千梯盈香"。

"陶都觅踪"段（从荣昌正华互通至项目终点）全长约 24.2 km。此路段经过荣昌区安富镇，安富镇又称"瓷窑里"，是中国三大陶都之一，因此此段被命名为"陶都觅踪"。

（3）资源节约方面的特色举措主要是指沿线设施施工用水循环利用举措。

潼荣高速的参建单位是依据相关标准化建设要求，按照工厂化、集约化、专业化要求建立拌和站的，各拌和站都设有三级沉淀池，污水经过三级沉淀后可用于车辆清洗或场地冲刷。潼荣高速的预制梁场全部采用自动喷淋养护，养护用水经过三级沉淀循环使用，能够节约大量养护用水。

（4）节能低碳方面的特色举措主要是指推广拌和楼油改气举措。

在建设潼荣高速的过程中，相关部门在龙岗服务区和广富服务区各设置了一座沥青拌和站，在燃料方面，用煤基聚合物复合材料制气代替了传统重油。煤基聚合物复合材料制气有高燃尽率、微排放、清洁等优势，与传统原煤相比，其燃烧效率提高 25%（达到 98%），热效率提高 20%（达到 88% 以上）。在建设过程中使用这种清洁燃料，潼荣高速真正做到了节能低碳。

（5）智慧创新方面的特色举措主要体现在特色内容和特色设备方面，主要包括智能卫生间管理系统的应用、重点路段监控与雾区诱导。

第一，智能卫生间管理系统。潼荣高速在潼南、龙岗、荣昌广富服务区和龙形停车区均设置了智能卫生间管理系统，通过门锁传感器、红外漫反射感应器、LED 显示引导牌、入口引导牌等设施实时地联动显示卫生间的蹲位使用情况，利用现代微处理控制技术、传感技术、导视牌等技术，更好地为游客提供服务。

第二，重点路段监控与雾区诱导。潼荣高速在互通立交、长大下坡、隧道、桥梁、收费站、服务区、停车区等重点区域进行监控全覆盖，同时配置了智能雾区诱导系统。

（6）其他特色举措主要体现在特色设备、特色内容和特色口号方面，主要包括旋转式护栏的应用、服务区绿色规划，以及为潼荣高速宣传绿色公路建设设计的口号。

第一，旋转式护栏的应用。高速公路旋转式护栏采用"一柱四栏"方式，通过加强立柱和护栏的性能，改进安装方式，有效地防止汽车越过防护栏，驶出行驶车道。旋转式护栏具有极高的柔韧性和回弹性，当汽车撞击它时，它可以通过旋转把冲撞的能量转化成旋转的能量，使汽车保持正常的行驶方向和速度，最大限度地降低交通事故的发生率，保护人们的生命安全。

相关单位在曾家山隧道入口段洞口行车方向右侧安装了旋转式护栏，起到了较好的路段警示作用。这里的旋转式护栏还可以显示出隧道洞口前路段的轮廓，可以提醒驾乘者注意道路环境的变化。

第二，服务区绿色规划。潼荣高速通过山间小径、叠泉溪水、绿竹青草、亭廊阁楼等园林式环境设计，将自然生态环境最大限度地融入了服务区的各个区域，让人文精神与自然美景融为一体，使服务区成为一个环境优美、展示地域形象的展示台。相关部门还在服务区设置了加气站和新能源汽车充电桩，为节能减排创造了条件。

第三，特色口号。为宣传潼荣高速，打造绿色公路示范工程，相关单位综合考虑潼荣高速公路和施工单位的情况，基于公路沿线的地域特色，结合沿线景观的特征、道路的名称等因素，经过"头脑风暴"，设计了一系列相关宣传口号。

在潼荣高速的建设过程中，相关单位秉承"绿色发展"理念，采取常规绿色举措的同时，根据工程自身的特点探索特色绿色举措，积极打造绿色公路、品质工程双示范工程，为重庆市筑牢长江上游绿色生态屏障贡献了自己的力量。

第九章　公路绿色服务区

第一节　公路绿色服务区的目标和特征

近年来，随着我国政府对交通事业的持续投入，公路基础设施建设获得了突飞猛进的发展。公路服务区作为公路网络中的配套设施，日益显示出其重要作用。但是，由于公路服务区在设计管理、标准建设等方面存在诸多不足，因此在实际工程中，相关人员往往只重视公路本身的建设工作，而对服务区建设关注较少。

一、公路绿色服务区的目标

1.满足节能降耗的要求

交通运输是我国推进节能减排工作的重中之重。近年来，国家多次强调交通运输节能发展，并制定了相关规范。随着整个路网的不断发展和完善，人们出行次数的大量增加，公路的核心组成部分——公路服务区的使用率越来越高，能耗也越来越大。将建筑节能技术全面应用于公路服务区建设，不仅可以提高服务区的性能，而且可以对普及绿色建筑起到一定的推进作用。

2.满足社会发展的要求

从 1988 年我国大陆第一家公路服务区——井泉服务区正式投入运营至今，我国公路建设实现了跨越式发展。但是，在服务区建设上，相关部门没有对服务区进行系统的定量分析预测和建设规模可行性研究，出现了投资规模失当、服务区没有按照实际需要建设等诸多失误。此外，服务区排水困难、路面早期损坏、内部设置不合理、缺乏人性化的设计、破坏自然环境等问题也很严重。因此，相关部门迫切需要在服务区设计上践行全面、协调、可持续的绿色发展理念，按照"以人为本"的原则建设服务区。

二、公路绿色服务区的特征

1.能源利用特征

目前，公路服务区使用的能源主要是电、煤炭、燃气等。由于我国以火力发电为主，因此无论是使用电还是直接燃烧化石燃料，都会消耗大量不可再生能源，同时还会产生环境问题。所以，构建公路绿色服务区，应先改善能源利用结构。

公路服务区一般远离城镇，用电代价较大，而我国西部地区和北方地区太阳能资源相对丰富，因此利用太阳能光伏发电前景广阔。与传统火力发电等形式相比，太阳能光伏发电具有诸多优势，如安全稳定、无噪声污染、资源随处可得、可与建筑物灵活结合等。获得国家三星级绿色建筑设计标识的某服务区，在设计时就充分使用了太阳能光伏发电系统。该服务区在南北区综合楼和加油站屋面共铺设了约 600 块 240 W 的多晶硅组件，年发电量约 15.56 万千瓦时。如果在全国 3 000 家已建或将建的服务区应用太阳能光伏发电系统，每年全国可减少 5.74 万吨标准煤的消耗。这将有效地推进节能减排工作。

当前，较为成熟的太阳能热水器在服务区的普及率较低，与越来越多的热水需求并不协调。因此，在绿色服务区设计过程中，相关单位应加入太阳能热水器设计，并在设计伊始就全面考虑太阳能热水器及其管线设备的设计和建筑设计，做到同时设计，同时施工，同时使用，真正实现太阳能热水器与建筑的一体化。

2.水资源利用特征

公路服务区可利用的水源包括以下两种：一是来自城镇管网的自来水；二是经过处理的地下水或地表水。据统计，绝大多数服务区使用的水是地下水，但我国大部分地区属于缺水地区，长期采集地下水会造成水位下降，甚至是地面沉降等问题。根据研究人员对服务区用水的调查可知，服务区只有 20%～30% 的水用于饮用和洗涤，其余均用于冲厕、绿化浇洒等。因此，服务区应充分利用经过处理的污水和收集到的雨水，将这些水用于对水质要求不高的地方。某服务区采取了污水回用和雨水回用措施后，整个服务区的非传统水源利用率达到了 40% 以上，节约了大量水资源。

第二节　公路绿色服务区建设现状
和实现途径

作为现代化的交通基础设施，高速公路能够较好地实现交通便捷性，在带动区域经济发展方面也能够起到积极作用。对于高速公路而言，服务区必不可少。服务区可以为通行人员和车辆提供必要的服务，满足司乘人员的生理和心理需求，保障行车安全。此外，在汽车维护保养方面，服务区同样具有积极作用。当前，人们对公路服务区的要求不断提升，绿色服务区的建设需要引起相关部门的高度重视。

在公路服务区的建设中，"绿色"已经成为一个比较重要的关键点。当前，我国各个省份都出台了公路绿色服务区考核指标，有助于服务区的可持续发展。

当前，我国公路绿色服务区建设依然处于起步阶段，虽然绿色技术手段比较多，可供选择的对象也较为丰富，但是在实际操作中容易出现设计不合理等问题，在具体建设过程中也存在着较多问题，这些问题制约着公路绿色服务区的有效应用，会对高速公路的正常使用产生不利影响，相关人员需要对此进行重点探究。

从我国工程行业的整体发展情况来看，虽然我国工程项目保有量比较高，但是非节能建筑占比较大，工程节能达标率不高，这会带来较为明显的能源消耗和资源浪费问题。与其他工程相比，公路服务区具有较强的特殊性，对其所产生的各类污染物进行处理具有较高的难度，因此相关人员应树立绿色理念，并将绿色理念融入公路服务区的设计和建设过程。

一、公路绿色服务区建设现状

当前，我国公路绿色服务区的建设尚处于起步阶段，已经建成并且正常运行的绿色服务区较少，地区发展不平衡问题也比较突出，绿色服务区面临的发展形势比较严峻，其中的问题也比较多。现阶段，我国的公路服务区一般配备厕所、餐厅、加油站、超市，以及汽车维修厂等，但是在绿化方面存在着较为明显的缺陷。服务区里高大树木比较少，仅有一些草皮或者灌木，这不利于实现服务区的绿色可持续发展。此外，很多公路绿色服务区还存在着较为明显的忽视周围自然环境的问题，没有实现服务区和自然环境的协调，在景观设计方面也存在着较为明显的缺陷。从公路服务区的施工过程来看，相关单位对各类绿色施工技术的应用也存在着明显不足，这不仅会带来较为明显的资源浪费问题，而且会在后续运营中影响人们享受绿色服务的效果。

二、公路绿色服务区实现途径

为了更好地建设公路绿色服务区，相关人员需要重点对各种基本技术手段的应用展开研究，并且把握好绿色服务区建设的基本目标和要求。公路绿色服务区较为关键的实现途径如下：

1.节能优化

在公路绿色服务区的建设中，相关单位要从能源节约方面对公路绿色服务区的建设进行优化，实现服务区建设的高效节能，减少以往的能源浪费问题。落实节能优化的方式比较多，需要注意的问题也是多方面的。例如，宽大的结构体系虽然能够给人以宽敞的视觉体验，但是会导致能源消耗的增加，采暖和制冷都会面临较多困难，所以设计人员在设计服务区的空间结构时，需要结合人流量和车流量的具体情况进行合理设计，尽量减少不必要的能源消耗。在设计门窗结构时，设计人员也需要考虑能源节约方面的问题，在有效提升相应结构的保温隔热性能的同时，减少其对能源的消耗。在公路绿色服务区的建设中，对各类节能技术（如调频控制技术和自动化控制感应技术）和先进设备的引入也应合理、充分，以避免不必要的能源消耗。当然，相关单位还要重点关注各类可再生能源的充分利用，比如在服务区内合理布置太阳能热水器等设备，充分利用太阳能，以获得更好的节能效果。

2.合理规划场地

在公路绿色服务区的设计中，对总体场地进行合理规划是比较重要的一点。设计人员要在设计过程中践行绿色理念，从多个方面对设计进行整体优化。在服务区选址工作中，相关部门除了要注意避免占用农田，还要对场地进行整体的分析，保证其具备开阔的空间基础结构，为后续服务区的有效运营打好基础；在服务区的交通组织设计中，相关部门需要对场地进行合理的规划，确保不同区域的布局合理协调，最大限度地减少车辆拥堵问题，实现车流和人流的有效分离；在对停车场进行规划设计时，相关部门需要注意节约用地问题，努力提升停车位的应用效率，避免出现浪费土地资源的问题；对于不同类型的停车位，相关部门也要进行合理的规划，确保停车位可以为通行人员提供便捷高效的服务；对于其他相关配套设施，相关部门需要结合整个服务区的规划进行布局优化，提升服务区土地的整体使用效率。

3.场地绿化

要建设公路绿色服务区，相关部门就要从场地绿化入手对服务区进行有效设计，提升整个服务区的绿化效果，使其满足相关要求。在场地绿化处理中，合理运用草皮和灌木是比较重要的一点，在以往的很多服务区中，草皮和灌木也都得到了较好的应用。但是，草皮和灌木在遮阴降噪方面作用不大，且层次感不强，形式较为单一。绿色服务区的场地绿化工作需要从多个方面展开，相关部门可以在服务区内合理种植一些高大树木，并注意协调其与周围草皮、灌木的关系，这样能够有效提升服务区的整体绿化效果，也能够达到遮阴降噪的效果。

4.节水优化

要有效地建设公路绿色服务区，相关部门就要从节水方面对服务区进行优化，实现水资源的高效利用，减少水资源浪费。相关部门应该加强对各类节水设备的关注，确保节水设备能够在服务区内实现较大的实际应用效益。另外，相关部门还应在服务区内合理布置污水回收利用系统和雨水回收利用系统，这有助于实现对水资源的高效运用。

综上所述，公路绿色服务区的设计和建设是服务区发展的重要方向，为了更好地提升绿色服务区的建设效果，相关部门需要切实把握好各个基本环节，有效地提升服务区的服务功能。

第三节　公路服务区的绿色建筑

随着高速公路的发展，高速公路服务区的作用日益凸显，人们对其建设水平和质量提出了更高的要求。服务区的建设需要更加人性化，更加符合现代设计的要求。随着绿色建筑理念的普及，越来越多的人开始重视绿色建筑，在进行服务区建设时，相关人员也应以绿色建筑的理念为指导对服务区进行整体的规划设计。

一、绿色建筑的概念及其重要性

绿色建筑是指在建筑的全寿命周期内，最大限度地节约资源（节能、节地、节水、节材）、保护环境和减少污染，为人们提供健康、适用和高效的使用空间，与自然和谐共生的建筑。也就是说，人们将绿色环保理念应用到建筑的设计、建设和使用中，通过与实际情况的结合，在建筑中合理地使用绿色环保技术和设备，实现建筑的绿色环保节能化，最终实现人与自然的协调可持续发展。

随着经济全球化和科技的不断发展，环境问题对人们生活的影响越来越显著，人们生活水平的提高使得他们开始有时间关注经济以外的事情，这使人们注意到环境问题，并提出了绿色建筑的理念。绿色建筑是一种新兴的建筑理念，也是现代建筑行业的发展方向。绿色建筑的"绿色"贯穿建筑的设计、施工和使用过程，全方位地实现了建筑的绿色环保。

要在建筑中实现可持续发展，相关人员就要在建筑的设计、建设和使用中尽量使用节能环保技术，降低能耗，减少对自然环境的干扰。绿色建筑可以降低对能源的消耗，节省土地资源和水资源；可以减少建筑对水土和大气的污染；可以满足时代的要求，提升人们的生活质量。

二、绿色建筑设计理念下的服务区建筑设计

随着经济的发展，人们的思想境界得到了提升，这种提升在建筑设计上表现为越来越多的设计人员追求生态绿色的设计理念，不断给建筑的设计加入新的元素。所谓生态理念是在建筑设计中合理地考虑建筑与周围自然环境、人文环境的有机统一，实现建筑与自然的统一与共生。

设计人员在绿色建筑设计理念的指导下对公路服务区的建筑进行设计，主要应考虑以下三个方面的问题：

（1）高速公路作为高科技、工业化、现代化的产物，具有鲜明的时代特色，在绿色建筑设计理念的指导下对其建筑进行设计，应注意选用绿色环保材料，应用各种绿色环保的新工艺、新技术。

（2）一般情况下，公路服务区在远离城市或者县城中心区域的地方，设计人员对其进行设计时，应尽量使用当地的资源，减少对自然环境的破坏。

（3）服务区作为一个独立的系统，在运营中应尽可能降低能耗，提高资源的利用效率，尽可能实现资源的循环利用。在满足高速公路发展需要的前提下，服务区应更加符合可持续发展的要求。

公路服务区的建设要符合现今经济发展的需要，服务区的设计要有一定的前瞻性。相关部门要选择合适的建筑规模和建筑标准，坚持"以人为本"和可持续发展的理念，在绿色建筑设计理念的指导下设计服务区的建筑，使服务区在发挥其功能的同时也起到节能环保的作用。

第四节　绿色可持续发展服务区

高速公路沿线分布着大量的服务区，这些服务区对于我国的可持续发展有着很大的作用，我国需要进一步加快公路服务区的绿色可持续发展建设。本节将对绿色可持续发展服务区的建设进行深入的研究。

一、绿色可持续发展服务区的建设目标

绿色可持续发展服务区的建设需要结合我国交通运输部提出的环保目标和需求进行。在建设公路服务区的过程中，相关部门应采用更加先进的环保技术，转变建设理念，引入更加环保的新兴低碳理念，从而进一步提高服务品质，实现节能环保目标。在此过程中，相关部门需要最大限度地减少污染物排放，使服务区周边的环境得到切实的保护。同时，相关部门需要不断探寻更加节约、绿色化的资源利用方式，使自身的整体管理水平得到提升，努力打造低碳型、生态型、环保型公路服务区。

二、绿色可持续发展服务区的建设内容

绿色可持续发展服务区的建设内容主要包括雨水循环利用系统、污水处理系统、中水回用系统、光伏发电系统，以及垃圾无害化处理系统。

1.雨水循环利用系统

在给公路服务区设计雨水循环利用系统时，需要引入"海绵城市"这一先进的设计理念，结合当地的雨水情况和服务区自身的排水能力，对现有的雨水管道进行优化，设计必要的雨水收集池，同时还要对雨水渗排池进行相应的设计，从而实现滞、渗、

净、蓄、用、排一体化，最大限度地降低雨水的影响，实现对雨水资源的有效回收与利用。服务区可利用截水沟和相应的收集管道对雨水进行收集，然后将其输入隔油预沉池。污染较大的初期雨水需要经过污水处理系统的处理，才能被回收利用。服务区可利用雨水渗排池对后期雨水溢流进行处理，利用微生物或滤料等将一部分雨水排入地下，然后利用分水器对另一部分雨水进行分散渗排处理。雨水经过污水处理系统的处理，达到国家的污水处理标准后，可以用于服务区的绿化、洗车及冲厕等。

2.污水处理系统

相关部门应确保服务区的污水处理系统能够稳定运行，保障其运行、管理的便捷性。在设计服务区的污水处理系统时，设计人员应结合服务区的污水水质情况，选出最佳的污水处理工艺，确保处理过的水满足国家相关排放规定。污水经过污水处理系统处理后，可用于服务区的绿化、冲厕等。

3.中水回用系统

在设计服务区的中水回用系统时，设计人员需要充分考虑污水处理系统的负荷能力，同时还要综合考虑污水处理过程中的水分蒸发、渗透等情况。中水回用系统能够有效地防止中水对水源造成污染，服务区可将处理后的中水应用于喷泉景观，增强服务区的环境美化程度，提高服务区的服务形象。

4.光伏发电系统

在公路服务区内，还要建立相应的光伏发电系统。在光伏发电系统的建设中，相关部门需要对服务区中建筑物的分布情况、日照规律、最佳角度、系统安装场地等进行综合考虑。光伏发电系统可使雨水循环利用系统、污水处理系统、中水回用系统在运行过程中消耗的电力资源得到有效补充，可以使服务区实现电能资源的自给自足，可以使清洁能源得到高效的开发与利用。

5.垃圾无害化处理系统

在公路服务区内，还要建立垃圾无害化处理系统。垃圾无害化处理系统可对服务区的生活垃圾进行压缩处理,在缩减垃圾体积的同时,实现对垃圾的高效收集与运输,进而有效地解决服务区中的垃圾堆放问题,实现对垃圾的无害化处理,节约垃圾的外运成本。

总而言之，在建设公路服务区的过程中，相关单位需要积极响应国家的号召，尽快转变自身的管理理念，引入更加先进、环保的管理方法，充分利用先进技术来节约资源，实现对资源的高效利用，以此促使自身向绿色可持续发展服务区转变，为解决日益严峻的环境问题贡献自己的力量。

参考文献

[1] 罗宏俭. 计算机网络信息技术在公路建设项目管理中的应用[J]. 交通科技, 2009（1）：114-117.

[2] 王洪涛. 动态管理信息系统在高速公路项目建设中的应用研究[J]. 公路交通科技（应用技术版），2013（11）：210-214.

[3] 秦明健，黄利芒. 基于网络技术和 GIS 的公路建设可视化项目管理系统的研究与应用[J]. 北方交通，2011（1）：72-76.

[4] 史银兰. 计算机信息技术在公路施工管理中的应用[J]. 交通世界（建养·机械），2011（11）：267-268.

[5] 吴海波. 建设工程招标管理中的问题及其对策研究[J]. 科技经济市场，2009（7）：40-41.

[6] 苏贞，冯东阁. 农村公路建设项目风险认识与防范措施探究[J]. 大众科技，2011（12）： 58-59.

[7] 刘海甲，梁婷子. 建设工程项目招投标及合同谈判阶段的风险管理探究[J]. 大众科技，2012（5）：73-74＋27.

[8] 聂忆华，张起森. CM 模式在中国公路工程项目管理中的应用[J]. 中南林业科技大学学报，2007（6）：140-143.

[9] 詹童强. 公路建设项目管理 Partnering 模式与 CM 模式初探[J]. 中国高新技术企业，2010（9）：136-137.

[10] 金东元，曹清海. 建筑工程组织管理 CM 模式在我省水利工程的应用探讨[J]. 黑龙江水利科技，2010（4）：113-114.

[11] 方光秀，白俊鸿. 韩国建国大学商住综合大厦 CM 模式研究[J]. 建筑管理现代化，2008（2）：45-49.

[12] 华昕若. BIM 技术在高速公路跨线桥施工安全管理中的应用研究[J]. 公路工程，2017（1）：147-151.

[13] 柏万林，刘玮，陶君. BIM 技术在某项目机电安装工业化中的应用[J]. 施工技术，2015（22）：120-124.

[14] 王婷，池文婷. BIM 技术在 4D 施工进度模拟的应用探讨[J]. 图学学报，2015（2）：306-311.

[15] 杨震卿，张红，张莉莉，等. BIM 技术在机电施工中的应用研究[J]. 建筑技术，2015（2）：132-134.

[16] 刘洁刚. 公路交通机电工程的监理措施[J]. 交通世界（工程技术），2015（6）：98-99.

[17] 刘胜斌. 高速公路交通机电工程设计方案探讨[J]. 工程建设与设计，2015（9）：86-88.

[18] 朱建华. 公路工程施工监理中的问题和对策研究[J]. 黑龙江交通科技，2015（10）：172.

[19] 成功. 如何做好公路工程施工监理[J]. 科技创新与应用，2012（6）：145.

[20] 谢耀文. 公路工程施工监理的现状与对策分析[J]. 科技风，2012（6）：136.

[21] 杨文礼. 郑州西南绕城高速公路工程管理及专业技术论文集[G]. 郑州：河南人民出版社，2006.

[22] 张振明. 公路技术与交通管理[M]. 石家庄：河北人民出版社，2008.

[23] 张少锦. 公路工程建设执行控制格式化管理[M]. 北京：人民交通出版社，2007.